《巧设单元作业，让学生乐学精思》

编委会名单（以姓氏笔画为序）

巧设单元作业，
让学生乐学精思

厦门市海沧区教师进修学校　编

图书在版编目(CIP)数据

巧设单元作业，让学生乐学精思/厦门市海沧区教师进修学校编.—厦门：厦门大学出版社，2021.12
ISBN 978-7-5615-8392-0

Ⅰ.①巧… Ⅱ.①厦… Ⅲ.①课堂教学—教学研究—中小学 Ⅳ.①G632.421

中国版本图书馆 CIP 数据核字(2021)第 202620 号

出 版 人 郑文礼
责任编辑 施建岚

出版发行 厦门大学出版社
社　　址 厦门市软件园二期望海路 39 号
邮政编码 361008
总　　机 0592-2181111　0592-2181406(传真)
营销中心 0592-2184458　0592-2181365
网　　址 http://www.xmupress.com
邮　　箱 xmup@xmupress.com
印　　刷 厦门集大印刷有限公司

开本 720 mm×1 000 mm　1/16
印张 14.25
插页 2
字数 210 千字
版次 2021 年 12 月第 1 版
印次 2021 年 12 月第 1 次印刷
定价 65.00 元

厦门大学出版社
微信二维码

厦门大学出版社
微博二维码

序 言

正当全国开展"双减"工作,研究如何减轻学生过重学业负担,提高课堂教学效益和作业质量之时,我非常欣喜地看到海沧区教育局、海沧区教师进修学校组织开展的"提升作业品质 提高教育质量"阶段性成果。认真阅读他们在作业理论的探索和一个个优秀案例,感受到他们为全国正在进行的"双减"工作做了一个前期的准备,充分体现了"教研工作永远要走在时间前面"的理念。

自从高中课程标准发布以来,如何落实课程核心素养,如何以学科大概念和大观念进行教学,如何实现以课程核心素养为中心的作业设计就摆上了课堂教学改革的日程。我们首先从高中教学开始探索,有些区域像海沧区一样开展了全学段、全过程的探索。2021 年新的义务教育课程标准也将发布,所有基础教育的教师都将参加到这场"课堂革命"之中。如何顺利完成这场以核心素养培育为中心,包含课程理念、课程教学方式和课堂教学评价的"课堂革命"?有人提出了以深度学习理论为指导的项目学习和单元教学,其根本就是要以核心素养培育为目标,以学科核心概念为单元主题,进行一定跨度的整体教学设计。厦门市教科院也提出了"基于核心素养的多元目标多元策略单元整体教学法",与之相配套的就是单元作业设计,它承担起了以学科核心概念为主题的课程核心素养培育的关键任务,通过作业的完成,实现素养形成,实现课程核心素养的培育。

如何读好和用好这本书呢?笔者从以下三个方面提出建议:

一是要理解其"理论探索"。首先要理解教学目标的改变。认真学习《普通高中课程方案(2017 年版 2020 年修订)》和即将颁布的《义务教育课程标准(2021 年版)》,深刻领会课程核心素养和学业评价标准,从学科课程核心素养的含义和学业评价标准入手,理解和调整教学目标。其次要理解单元教学的要义。单元教学就是以学科大概念和大观念为主题,以一系列教学任务的完成来实现教学目标。要充分认识学科教学中知识与技能、方法与能力、观念与素养的关系,以学科知识的学习为任务,以学习过程中能力的提升为手段,实现问题解决过程中核心素养的感悟和价值观念的提升。最后是掌握单元作业设计的方法。为完成核心素养培育的目标,根据在单元教学过程中知识与技能、方法与能力、观念与素养的形成性任务的分布式安排,相应合理地安排学生的作业任务,使作业任务的完成真正起到促进学生达成教学目标的作用。

二是要模仿其“案例”。案例是样板,可供我们进行模仿和学习。首先要理解案例主题的选取,理解为达成教学目标的单元整体作业安排,体会素养达成的全程设计思想。其次是理解多样化作业在核心素养培育中的作用,如传统作业、思维导图作业在形成学科知识技能中的作用,问题解决型、操作型、实践型等项目作业在培育学生关键能力、必备品格和价值观念中的作用。再次是体会精心选择作业,以最少的作业实现目标达成的思想方法。

三是深入开展单元(主题)教学和作业设计的研究和实践。单元(主题)教学是我们认为可以促进学生达成新的课程标准要求的重要手段,作业是学生把新知识进行内化的重要工具,这需要老师们进一步探索。其中重构作业设计理论,探索作业设计方法,形成单元作业规范,都是接下来需要研究和实践的。

单元教学设计与单元作业因课程核心素养的落地而生。当前,德智体美劳全面发展的课程教学体系的建立、义务教育新课程标准的即将发布、“双减”政策的新要求,这些都对作业设计提出了新的要求,我们希望有更多的教师投入到新教育质量观下的单元(主题)教学设计和作业设计的研究和实践中,促进新时期教学研究的百花园百花盛开、百花争艳。

最后,祝愿海沧教育取得更大成果!

傅兴春

2021 年 8 月 15 日

目　录

巧设单元作业，
让学生乐学精思

理论探索

指向核心素养的单元作业设计研究综述①

厦门海沧进修学校附属学校　王　瑞

摘　要: 单元教学作为培养学科核心素养的重要抓手,已受到一定关注,但对单元作业设计目前并未形成共识。单元作业设计以单元为单位,对促进作业质量增效和单元教学核心素养指向具有重要意义。单元作业设计的研究,于"减负"和"培养学生核心素养"的双重诉求是极具意义的。本文综述了单元作业设计相关研究现况,旨在为推进项目式学习的作业改革提供理论参考。

关键词: 单元作业设计;核心素养;项目式学习

作业是课程改革中不可或缺的关键领域,与教学、评价有着密切联系[1]。作为课堂教学的巩固与延伸,作业是教学的重要环节和实现教育教学目标的重要途径。然而,作业设计目前普遍存在策略单一、结构散乱、内容窄化的现状,理念滞后导致的设计"缺氧"使得社会上对作业的诟病颇多。若作业成了负担,教与学如何能够获得良好的发展?

随着课程改革的深入,中小学生"减负"和"培养学生核心素养"亟待教师们转变观念,积极研究并推动作业设计,发挥其"教书育人"的作业效果[1]。研究人员认为,教师围绕单元目标,设计具有整合性的作业,可以达到培养学生思

① 基金项目:福建省教育科学"十三五"规划 2020 年度课题"中学生物核心素养下的单元教学评价实践研究"(课题编号:FJJKXB20-680)的阶段性研究成果。

维、促进高阶思维发展的作用。相较于课时教学,单元教学具有较强整体性——碎片化知识在教师的设计整合后具有更强的逻辑性,更有益于学生建立起知识间的联系,该过程也有益于教师立足更高层次组织教学,渗透核心素养。基于整体视角的单元教学设计,能够统整学科知识逻辑发展顺序、教材文本呈现顺序及学生认知心理顺序,是实现学科核心素养落地的有效途径[2]。简而言之,以单元为单位开展作业设计,是提高作业设计质量的一条有效路径,同时单元作业设计也是核心素养导向下单元教学设计的必然诉求[3]。

单元教学作为培养学科核心素养的重要抓手,已开始受到研究者的关注,但对单元作业设计目前并未形成共识,各学科教育单元作业设计的相关研究也不多。研究单元作业设计发展,对核心素养的落实以及项目式学习的作业改革等教育教学工作极具意义。

一、单元作业设计的产生背景

(一)国外单元教学与大概念的发展

"单元教学"萌芽于19世纪末欧美新教育运动,该运动的倡导者德考利提出"教学整合原则"。20世纪初"单元教学法"(又称设计教学法)由美国实用主义教育学的杜威及其学生克伯屈进一步明析,1931年"五步单元教学法"由美国教育心理学家莫里逊提出。美国有效教学的代表人物加里·鲍里奇认为"单元知识结构"为评判一节课的七个维度之一,整体大于局部之和。20世纪60年代学科结构运动的倡导者布鲁纳提出了"大概念",即"核心概念"能将课程内容关联起来,而所有学科都有一个基本结构。2004年威金斯和麦格泰则在《重理解的课程设计》中指出"大概念"是对个别的事实和技能赋予意义和联结之概念、主题或问题(见表1)。2005年美国科学促进会(AAAS)提出大概念是将众多学科知识联为一致整体的科学学习的核心。

表1 国外单元教学与大概念的发展

时间	阶段	背景	学者	主张
19世纪末	雏形	欧美新教育运动	德考利	教学整合的原则
20世纪初	早期	实用主义教育学	杜威	“整体化”教学和“兴趣中心”原则
			克伯屈	明确提出单元教学法(又称设计教学法)
1931年	发展	有效教学	莫里逊	“五步单元教学法”即“探索—提示—自学—系统化—复述”
20世纪60年代	发展	学科结构运动	布鲁纳	所有学科都有一个基本结构。“核心概念”是将课程内容关联起来的载体。也就是“大概念”的范畴
2004年	发展	《重理解的课程设计》	威金斯和麦格泰	“大概念”是对个别的事实和技能赋予意义和联结之概念、主题或问题

(二)国内单元教学现状

单元教学与大概念相关理论在国内结合实际学情得到了进一步发展。崔允漷教授认为单元是一种学习单位,一个单元就是一个学习事件、一个完整的学习故事。马建等学者认为实施单元教学设计,有助于提升学生的学科核心素养。从学生的角度,单元教学设计契合了素养的形成非一日之功的特质。教师对教材内容进行统筹安排和优化,建立起的教学单元中,突出的教学主线,优化的教学单元设计及操作有利于学生的素养发展。从教师的角度,单元教学设计能帮助教师避免“只见树木不见森林”的课时思维,转变只注重零散知识点落实的传统课堂教学理念,帮助教师以“长时段”进行整体筹划,真正成为学生学习的“组织者”和“引导者”。

然而目前对于单元教学设计尚未形成一定共识,如蒋金珍等学者进行了基于核心素养的单元教学设计的认知与实践现状的调查,分析了907份来自上海市不同地区、不同类型学校、不同执教学段、教龄、学历及职称的中学生物学教师的有效问卷,指出理论学习不够、实践缺乏精准指导和可供借鉴的案例成果不多等是当前亟待解决的问题。文章指出了教师应多查阅相关图书、学术期刊,从而才能够及时汲取益于单元教学的理论和实践案例;专家们应抓紧研究,才能够及时为广大教师提供题材丰富的案例,促进生物学单元教学和核心素养的发展。

(三)单元教学与单元作业设计

关于单元教学与单位作业,王月芬认为“单元一般是指同一主题下相对独立并且自成体系的学习内容。这里的主题可以是一个话题,或一个专题,或一个关键能力,或一个真实问题,还可以是一个综合性的项目任务等。”而“单元作业”即指一个单元所有作业的集合。单群群认为“单元作业”是教师以单元为基本单位,依据单元教学目标,结合课文的特点而设计的作业。李国娟等则认为“单元作业”是以教材单元的教学内容所统整设计的整个单元的作业。杜秀锦认为生物学单元作业是以课程标准为据,以深入分析教材学情为基础,围绕核心素养,确立相应单元教学目标、针对核心概念所设计的单元作业。

“减负”和“核心素养落地”的双重诉求下,单元教学与单元作业设计愈来愈凸显其不容忽视的独特价值。一方面,作业设计能提高作业的有效性,也是提升教育质量的有效途径[4]。另一方面,单元作业设计以单元教学为发展基础,是提高作业设计质量的一条有效路径[3]。综上,二者的发展相辅相成,也是适应时代的育人要求——教师应以核心素养为目标,将核心素养的培养贯彻落实到各个教育教学环节。

二、单元作业设计的发展

我国教育学者王策三曾提出:作业系统在教材中不仅应该具有一定的地位,而且还应加强对它的研究。作业系统设计得好,对学生自学能力和实践能力的培养有很大的促进作用,对于教师改进教学方法也有裨益。国外对于作业和作业设计有着较多的研究和实践。如 17 世纪,夸美纽斯就关注到课外作业,在《大教学论》指出,所教科目若不常有适当的反复和练习,教育便不能达到彻底之境界。凯洛夫认为作业是教学工作的有机组成部分,具有使学生的知识得到巩固和技能完善化的作用。日本的波多野谊余夫通过实验提出,学生完成作业的情况和作业的难易度有很大的关联度,在作业设计时应加以考虑。斯米尔诺夫也把学生的独立作业作为其教学论研究的六大内容之一。美国教学问题专家哈里斯·库伯通过长期研究发现，不同年段的作业功效不同。他认为低年级应在于培养学生的态度、习惯和语文素养；高年级在于培养学生的知识和技能，并向教育部门提出了作业设计的建议：如班上所有学生都有责任完成课外作业，课外作业一定要有必做的部分。美国学者阿尔菲·科恩在《家庭作业的迷思》中指出要思考怎样的作业才能够增加学生知识的广度和深度。同样关注和强调作业的趣味性和实践性的还有美国教育家古德·布罗菲，其《透视课堂》这样表述："课堂作业应该给学生提供实践和操作其所学内容的机会"。

综上，人们持续关注且重视研究关于作业和作业设计的重要性，国外作业研究主要围绕以下两方面：一是强调作业在课堂增效和能力培养上的重要性，二是关注作业设计的科学适切性，但对于单元作业设计的研究几乎没有。笔者认为单元作业设计是基于我国的教材编写特色和教育教学发展的中国创造，可以说是极具我国本国文化特色的探索。梳理单元作业设计的相关研究，以期服务于教学实践，为项目式学习的作业改革提供一些理论支持。

（一）国内单元作业设计的现况

截至 2021 年 7 月 8 日，笔者查阅相关数据库发现目前国内关于单元作业设计的研究还不是很丰富，笔者以"单元作业"为主题词在中国知网上搜索，中文相关期刊文献主要主题为"单元作业"和"单元作业设计"的共有 82 篇，其中"初等教育"39 篇，"中等教育"43 篇。7 篇学术期刊涉及语文、英语（包括中职英语）、美术、思想政治、地理、生物科目，7 篇硕士学位论文涉及语文、英语、物理、生物、历史、信息技术、高中艺术等科目。

整理发现，从历年相关期刊文献篇数看：2017 年以前篇数较少，2018 年 9 篇，2019 年 15 篇，2020 年 23 篇，2021 年（截至 7 月 8 日）20 篇。由图 1（截至 2021 年 7 月 8 日由中国知网可视化分析获得，其中 2021 年为预测值 27 篇）可看出近三年来人们对单元作业的关注度日益攀升，相关文献成果也呈现与日俱增的态势。对相关文献涉及科目具体分析（见表 2）发现，整体呈现学科分布范围较广泛，但篇数皆较少。其中语文科目篇数最多，也仅有 18 篇，英语、数学、生物次之，物理等其他科目篇数更少，还亟待学者们继续研究和实践。

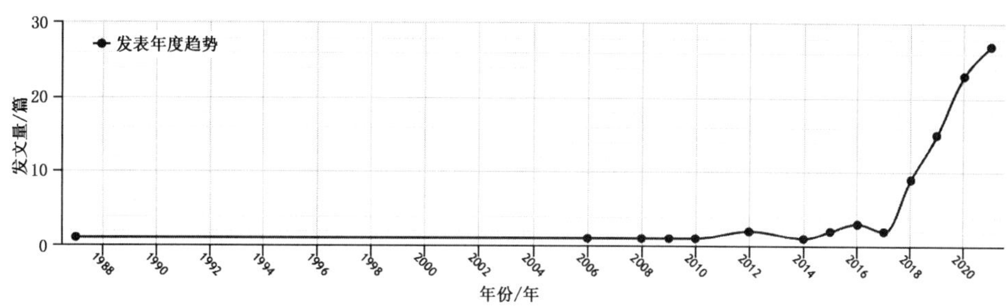

图1　单元作业相关文献总体趋势分析图

表2　单元作业学科科目统计

科目	语文	英语	数学	生物	物理	综合	化学	历史	信息	政治	艺术	地理	美术	科学
篇数	18	17	11	8	6	6	3	3	3	2	2	1	1	1

(二)单元作业设计的发展早期和初期

我国的单元作业设计由来已久。分析中国知网相关文献(见图1),笔者将其大致划分为三个时期,发展早期(1987—2012年)、初期(2012—2017年)、中期(2018年至今)。2017年以前发展较为迟缓,且早期的单元作业多为围绕教材单元的作业实践,初期开始结合实践进行了相关概念界定和研修新形式的理论探索与讨论;随着大概念和单元教学的应用和实践,2018年起单元作业设计得到了更多的关注和重视(见图2)。进一步比较分析发现(见图3),相较于中等教育起步较晚,初等教育较早进行了单元作业设计的探索,且在单元作业设计发展的早期和初期较多研究体现于初等教育。

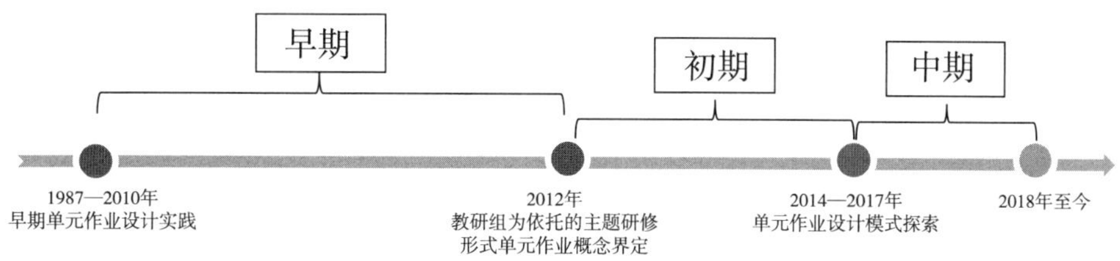

图2　单元作业设计的发展

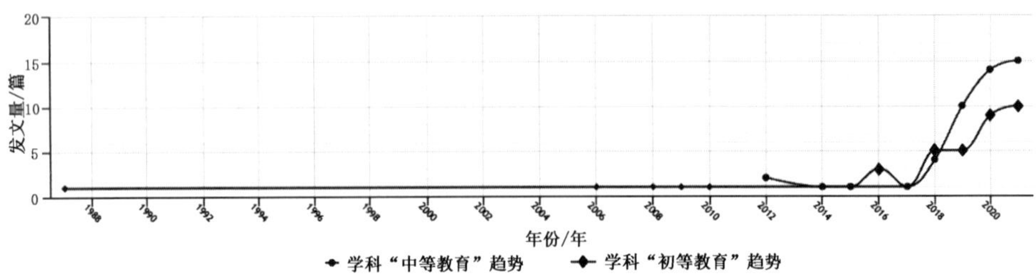

图 3　中等教育和初等教育的单元作业设计发展趋势比较分析图

作业是课堂教学的巩固和延伸，是提高教学效果的重要途径之一。早在 1987 年方生宇便尝试将小学科学《水》单元的作业进行设计，引导学生在生活中乐于从事实践性的自然研究活动，并提出了在该单元作业设计中教师首先应先于学生实验和观察，从而才能够预见可能出现的问题，给予学生有的放矢的指导；应打破课本的材料限制，从学生日常生活中挖掘可替代的实验材料。2006 年，刘卫锋由“单篇课文精练”和“单元综合作业”两大板块对苏教版第 10 册语文第 3 单元的课文《海伦 · 凯勒》《二泉映月》《司马迁发愤写〈史记〉》的单元作业进行设计，其中“单篇课文精练”主要从预习作业、课堂作业、课后拓展作业三个方面进行设计，“单元综合作业”为菜单式，在单元教学完成后学生选择若干项完成。该单元的作业既有单篇的侧重，又有宏观的综合，达到了“训练精当”的目的。2008 年，小学数学教学中傅玉芳关注到了单元作业的反馈作业，在其进行“小数加减法”单元教学后，通过单元作业的分类统计进行教学评价反馈。2009 年，倪丹英对人教版小学三年级英语进行了单元作业设计，其设计的 PEP 三（上）2-3 单元作业简短有趣，主要由“介绍自己”和“我会打扮”两部分组成，并具体展现了每部分的设计意图和作业内容，图文并茂、活泼有趣。2010 年，黄卫东等开展了语文科目人教版五年级下的第七单元作业设计，并提出在该单元作业设计中应指向教学目标、突出研究性、注重创意阅读和强调以读促写。

单元作业设计需要教师把“备教材”具体细化为“备课文、备单元、备年级”等，一定程度上加重了本已十分忙碌的教师的负担。2012 年，北大核心期刊《全球教育展望》上发表了张佩珏以教研组为依托开展的语文单元作业整体设计的研究与实践。文章指出在具体推广“单元作业整体设计”工作中依靠教研组群体的力量和智慧进行主题研修，不仅使得教研组活动的形式和面貌发生改变，也有益于单元作业整体设计的推行。同年，胡熙妍在其论文中对“单元作业”进行了概念界定，单元作业是相对于课时作业提出的一种理念，不是一种特定作业形态，而是以提高学生学习兴趣、通过学业水平测试的同时提高学生素养为目的，通过打破内容章节之间的界限，在巩固学生已有知识技能的基础上，构建完整的知识结构，让学生在掌握知识迁移的方法中，提高问题解决能力的一种作业形式。文章还指出“单元作业设计”是教师站在教学设计的高度，运用系统的教学设计思想，以主题单元内容为作业对象，以学业水平测试内容范围为框架，以单元目标为作业目标，确定合适的作业起点与终点，将教学诸要素有序、优化地安排，形成作业方案的过程。无论是作业的内容还是作业的形式设计都从单一逐渐走向综合。它是一门运用系统方法科学解决教学问题的学问，以教学效果最优化为目的，以解决教学问题为宗旨。

2012—2017 年单元作业研究依然较为缓慢，相关文献合计仅 9 篇，但此期间学者们开始了相关概念和模式策略等方面的理论探讨。语文科目文晓琴、吴爱英分别进行了说明文单元、诗歌单元的作业设计实践；英语科目王爱琴展示了译林新版英语四年级(上)“Unit 8 My dolls”单元作业设计，而曹琮飞结合六年级学生英语作业低效的原因分析，提出应注意单元作业设计的阶梯性，逐步深入才能更好帮助学生构建语言知识体系，并举例其人教版第八册“Unit1 How tall are you?”的作业组设计；数学科目徐国海等人围绕人教版三年级下册第一单元“位置与方向”提出了单元作业“四步管理模式” 即“优化设计，科学分析，有效讲评，及时反馈”(见图 4)，通过系统推进，提升学生运用知识的能力和教师课堂教学组织的有效性。

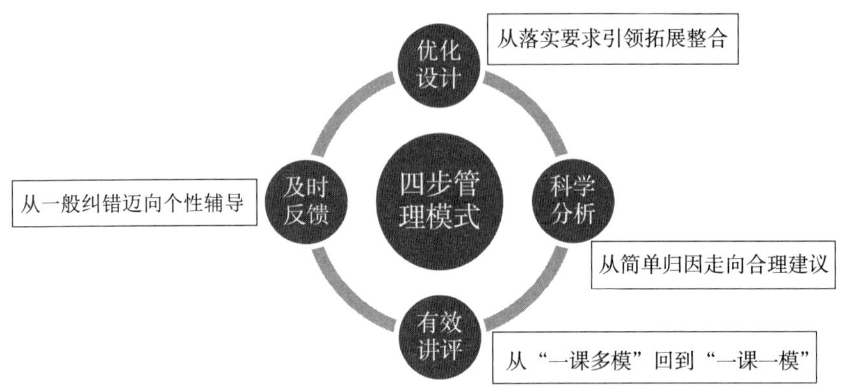

图 4 单元作业“四步管理模式”图

恽瑾认为单元作业设计能成为一个较好的载体，解决现存的作业设计问题。教育工作者只有让作业走向单元设计，才能提高作业效率，减轻学生过重的作业负担，真正让作业适应学生的发展。他提出了单元作业设计的操作中应关注的5个要素（见图5）：单元学情分析、单元作业目标、单元作业类型、单元作业完成时间、单元作业完成情况及个性化辅导跟进。他以数学五年级上册“图形的面积（二）”单元作业分设三个层次为例，通过设计赋予作业趣味性、实践性和综合性，并强调作业应层层递减，逐步实现“知识本位”向“发展本位”的转变。

图 5 单元作业设计的操作五要素

不同科目单元作业的设计具有其不同的特点以服务其学科教学要求。语文、数学、英语等基础学科单元作业设计大多侧重于单元课后的作业组设计,但基于高中信息技术课程的特性,俞海龙强调了课堂作业的单元作业设计在教学中的重要性。随着单元整体教学模式的广泛实施,单元作业设计显得更加重要。杨茂华以多元智能理论为基础,探讨小学语文单元作业设计的策略(见表3)。以沪教版小学语文教科书为例,从文本、学生两方面确定目标;从阐释性、记忆性、理解性和体验性四方面细化内容;从基础性、拓展性、探究性三方面丰富类型;梳理设计思路包括学习课程标准、深入解读教材、依据评价量表确定作业内容和组织形式。

表3 多元智能对小学语文单元作业设计的启发

多元智能	小学语文单元作业设计
言语	在单元作业设计时,要关注文章的表达形式,语言文字运用的巧妙之处。从关注文章"写了什么",到思考"作文怎么写"。通过书写表达,提高学生的语言素养
逻辑	在单元作业设计时,不仅要考虑内容的科学性、合理性,还应该关注题目之间的逻辑性。引导学生思考词语与词语、句子与句子、段落与段落之间的关系,并提出有价值的问题,以寻找事物之间的规律和逻辑顺序
空间	在单元作业设计时,要引导学生把对色彩、线条、形状、形式、空间及它们之间的关系敏感地表现出来。把所有感觉通过一定的载体表现出来
身体运动	在单元作业设计时,除了巩固复习的作业外,还应有探究拓展性的作业,让学生在动作操作中,运用身体和动作来表达想法和感觉,让孩子们喜欢上户外活动,并且能够根据情境利用身体语言来表达自己的思想
人际	在单元作业设计时,可以创设一些真实的情境,让学生在解决问题的过程中提高社会交往能力、分析问题的能力、达成共识能力等
内省	在单元作业设计时,可以尝试引导学生进行自评和互评,认识自我,欣赏他人
自然探索(1995年补)	自然探索智能指对大自然的感知和对社会的探究两个方面的能力,在单元作业设计的内容方面应该加以考虑,不是仅仅考虑教材中的内容,应进行一定的拓展和延伸

三、单元作业设计特点

(一)基于单元教学设计

目前各科目单元作业设计相关文献总数较少(见表2),大多以案例形式进行探讨,且多以教材单元及专题进行案例探讨。单元作业设计发展中期,涌现较多的单元作业案例研究。“目标一致”是王月芬提出的高质量的单元作业设计要符合的七大标准(见图6)之一，即作业设计内容要与作业目标一致。学者们都不约而同地聚焦到了单元作业设计的整体性和有效性，开展了基于单元教学设计，匹配单元教学目标而进行的作业目标确立及作业设计研究。

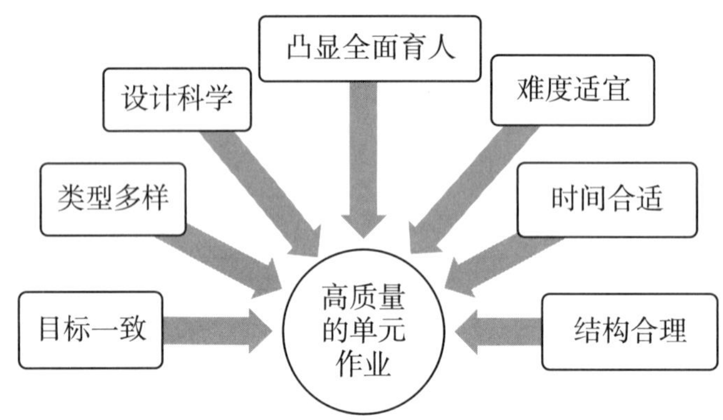

图6 单元作业设计的评价标准

在语文科目围绕单元作业的探索中，初等教育较多于中等教育。刘歆卢在对小学语文单元作业的阐释与解析中，认为单元作业设计是以统编教科书中完整的一个单元为基本单位，针对整个单元的知识点、能力训练点，结合学情以及学习的需要而展开的作业设计。语文科目的单元作业设计多聚焦于单元作业的系统性、趣味性和实践性，几乎都依托于教材单元的划分进行。笔者认为这与学科特征、我国的教材编排和教育传统以及研究者面向的学生有关——低年级的语文教学需要在兴趣方面进行激发，并逐步引导学生尝试实践和积累。笔者在知网中以主题词查阅到的单元作业设计中语文科目几乎全都指向初等教育。中等教育语文学科也有学者期望通过作业设计提升学生高阶思维，但研究和案例实属偏少。张帼英提出要使语文作业促进中学生思维的发展与提升，并发挥其培养学生核心素养方面的价值，作业设计应尝试克服现今语文作业模式统一、缺乏层次性，作业重书面的多、轻实践的少、重知识的多、轻情境的少等问题。同时，应甄别市面上出现的各类练习书，防止东拼西凑，未结合教学、教材和课标，没有设计,不符合中学生认知规律的作业"负担"。

数学科目围绕单元作业的探索在初等教育和中等教育中分布较为均衡,小学、初中、高中都进行了数学单元作业设计的探索,且更关注关联性、整体性和有效性。魏敏基于实践指出数学单元作业是教师结合教学单元内涉及的知识点,在整合的思想下完成单元作业的设计,将碎片的知识点串联起来,彰显单元教学知识的重点与难点以及整个教材的支持点。戚海蓉、陈春芳、叶信丽、林华澎等人认为小学数学单元作业设计是为学生知识结构化提供支架;教师整体把握、精准分析、恰当增补、合理调整才能有效为学生减负。简言之,教师应在设计中统领数学知识。初中数学单元作业设计中,魏敏和韩建刚也提出了有别于传统教学模式的,对单元加以整理并将学生需要掌握的知识视作主线,结合教育思想与教学能力的设计,有助于学生围绕核心素养建构完整的知识结构体系。单元规划中对"单元"的划分,可以将教材中的"章"作为一个单元,也可以将一章的内容划分成若干个单元。李家齐认为高中数学单元的确立应综合考虑数学学科核心素养、育人目标、教与学等因素,单元作业设计时应把握数学课程特点,体现数学与人类社会生活紧密的关联;体现数学学科知识与方法;体现数学思想和学科素养;体现单元教学目标;体现每一节的教学目标等方面。具体实施流程如图 7 所示。

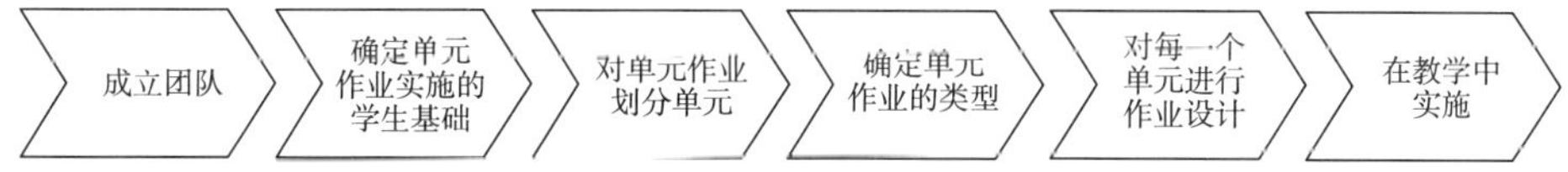

图 7　单元作业设计实施流程

英语科目围绕单元作业的探索在初等教育和中等教育中的分布与数学相似,较为均衡,且相较于早期和初期的单元作业设计展示,中期融入了对深度学习、混合式教育理念、多元智能、最近发展区、人本主义学习理论和核心素养等更多理论和视角的探讨。但与数学不同的是,英语单元作业设计最为显著的特征是学者们在单元规划上的默契——普遍采用教材的单元划分。这个特征在其他科目也是存在的。以生物学科为例(见表 4 生物单元设计案例及其单元内容选择),高中生物学单元作业设计普遍以教材单元为设计单位,而初中生物学尝试了复习专题的单元作业设计探索。如杜秀锦选择以高中生物学“生命的结构基础”这一单元为例开展单元作业设计。闫白洋等选择了高中生物学必修“生物技术与工程”模块中“生物工程”单元内容。孙倩在论文中以高中生物学“生物群落的演替”“生态系统的稳态”和“基因工程”三个单元为案例设计单元作业。任晓米以“生命的结构基础”单元，根据“确定单元内容—制订作业目标—设计具体作业”的思路进行单元作业设计。周慧琳以“人体内环境与自稳态”、程莉霏以“生命的结构基础”、刘清锋以“基因的本质”单元为例，通过对基于生物学核心素养的单元作业设计的探索，为教与学提供有效的评价反馈。而不同于前几位学者，林艾芳以初中生物学复习专题“人体生命活动的能量供给”探讨单元作业的设计。纵观上述案例，不管是以教材单元，抑或是复习专题为单元的单元作业都基于单元教学设计，基本模式（见图 8）为：单元内容及教学目标的分析确立→单元作业目标的分析确立→单元作业的题目选择和编排→单元作业的评价和反馈。

表 4　生物单元设计案例及其单元内容选择

学者	文献名	单元内容选择
杜秀锦	例谈基于核心素养的高中生物学单元作业设计	高中生物学“生命的结构基础”
闫白洋等	基于生物学核心素养的单元作业设计——以“生物工程”单元为例	高中生物学“生物工程”
孙倩	高中生物学单元作业设计研究	高中生物学“生物群落的演替”“生态系统的稳态”“基因工程”
任晓米	基于核心素养的高中生物单元作业设计——以“生命的结构基础”单元为例	高中生物学“生命的结构基础”
周慧琳	核心素养导向下的单元作业设计	高中生物学“人体内环境与自稳态”
程莉霏	核心素养导向下的高中生物学单元作业设计	高中生物学“生命的结构基础”
刘清锋	基于发展生物学核心素养的单元作业设计——以“基因的本质”单元为例	高中生物学“基因的本质”
林艾芳	核心素养导向下初中生物学单元作业设计的一般路径——以“人体生命活动的能量供给”复习为例	初中生物学“人体生命活动的能量供给”复习专题

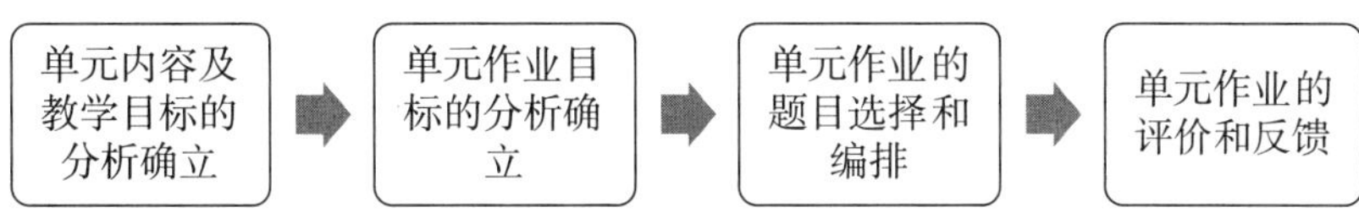

图8 单元作业设计的基本模式

(二)指向核心素养培育

单元作业设计的实际施行,需要多个课时,或多个作业组推进完成,无法一蹴而就。这与核心素养的培育在某种程度上具有一定的吻合度。无论是根据教材编排,还是专题内容确立单元划分,单元作业设计都需要与这一单元的教育教学推进相互促进,同时根据学生反馈进行优化,从而以生为本逐步完善。

戚海蓉认为小学数学以单元作业的整体设计形式,可以凸显全面育人的教育观。陈志婷提出提高学生的思维能力、动手能力、创新能力、数学抽象等核心素养,需要综合作业设计,即在教学中优化单元作业,凸显核心素养。闫白洋认为单元作业设计是发展学生生物学核心素养单元教学设计的重要组成部分。杜秀锦提出依据核心素养的单元作业设计四条策略:“围绕核心概念,形成生命观念”“以核心问题为导向,发展科学思维”“立足重点与难点,培养科学探究能力”“联系科学研究与科学现象,培养社会责任”;同时指出单元作业作为单元教学目标的重要实现途径,能促进学生巩固和完善对核心概念的学习,从而培养学生生物学核心素养。周慧琳基于核心素养的教学目标制定相应作业目标,并搭建核心概念、重要概念和次要概念的三级概念框架图,通过真实情境及原创试题从不同角度测评和培养学生的核心素养。

我们所处的大数据时代对于教育教学提出了新诉求——“真实性学力”作为核心素养的原动力、基础素养越来越被国际社会所重视。不虚假的,不应试的,真才实学的“真实性学力”培养要以真实性学习、真实性评价为支撑,让学生经历课题式的、科学探究式的学习。国际教育界普遍认同的“核心素养—课程标准(学科素养/跨学科素养)—单元设计—课时计划”基本环节被越来越多地应用在一线教学中[5]。在开展物理单元作业设计中,学者们尝试由“真实性学力”的培养切入,逐渐渗透素养培养。思想政治、艺术、化学、历史等学科也都进行了探索,尝试通过单元作业设计提升学生学科能力、渗透核心素养。

周洁惠指出单元教学设计的教育理念是教学设计的发展趋势,虽不可能一蹴而就,但会在“否定—肯定—再否定—再肯定”中不断成熟并稳定下来,一线教师应在教学成长过程中不断往单元设计倾斜,逐渐将教育目的——核心素养,慢慢渗透到教学中,而单元作业设计是单元教学设计着眼点之一。

(三)关注作业试题质量

有学者认为单元作业设计的题目应符合“精、度、实、导”四项要求:精——控制总量,精编慎选;度——由易到难,循序渐进;实——分类选择,分层递进;导——举一反三,触类旁通。林艾芳提出生物学科单元作业设计的题目应实现以下四点:一是聚焦社会热点,养成生命观念,树立社会责任;二是巧用图文结合,凸显关键能力,培养科学思维;三是构建模式简图,梳理主干知识,达成重要概念;四是强调学科特点,注重实验操作,凸显理科本质。王雪艳认为化学单元作业设计中注重作业的有效性,才能提升作业质量;注重作业的实践性,有助于培养化学核心素养;丰富作业形式,才能提高学生兴趣。作业的设计不仅要围绕教学目标,结合教学内容,符合教学进度,还要杜绝没有目标的作业、没有实效的作业、没有层次的作业。因此,也有学者尝试通过制定具有参考价值的单元作业双向细目表、作业题目质量分析表等为作业试题分析和合理编排提供科学工具[6]。

具有整合性、探究性和应用性特征的试题有助于全方位提升学生核心素养。闫白洋等认为单元作业中作业试题符合以下几点特征能更好地赋予其核心素养指向价值:一是试题以真实情境、实际问题作为测试切入点。情境越真实越能反映学生的核心素养水平。注重情境的试题编制可促使学生从生物学的视角观察社会生产、生活,在运用生物学概念解决实际问题的过程中,使学生认识到生物学对人类社会生活的重要性,增强他们适应社会、终身学习的能力。二是试题由“重知识、技能”向“重能力、素养”测评转变。素养是学生将所学知识遗忘后剩余的东西,生物学知识仅作为测评素养的载体。核心素养立意的试题编制能引导学生避免对知识的机械记忆,强调灵活运用知识和技能解决实际问题的能力。

因此,试题的设问依据生物学核心素养的评价框架,直接测评学生具备生命观念、科学思维、科学探究和社会责任的水平。核心素养的区分度要求设问的层次应具有渐进性,应由易到难有梯度,从而使不同素养水平的学生能获得有区分度的成绩。此外,答案应具有开放性,根据核心素养划分的表现水平制定,能更客观地反映学生的素养水平。三是强调试题的探究性,测评学生的科学思维与科学探究水平。试题的探究性是侧重设计学生通过科学思维或科学探究才能解决的真实问题。学生既需要运用生物学知识和技能,要用到归纳综合、推理演绎、模型与建模等科学思维,也要经历生物科学探究过程。强调题目的探究性对测评学生科学思维和科学探究水平来说至关重要。因此,题目命制学生学习中未接触过的材料包括科学发展史中的某些素材、探究性问题的情境等,能促使学生通过阅读、理解、分析试题所提供的信息或情境,结合所学,模拟科学研究方法,亲历科学探究的一般过程,解释或评价生命现象、预测发展趋势等问题,解题的同时感受其中的科学思想和科学态度。四是创新试题类型,全方位测评学生生物学核心素养水平。目前生物学试题多以单选题、填空题为主。单选题和填空题等碎片化的知识与能力测评形式限制了学生思维水平的发挥,学生的核心素养水平得不到全方位的测评。因此,命题中若能增加多选题和论述题等不同形式,内容上增加推演型、开发型、开放型等试题,能促使学生在表达、思维和逻辑推理方面得到更充分的训练。

综上,不同学科和不同学者对于单元作业设计的试题选择表述各有不同,但笔者认为本质上学者们形成了普遍的共识——试题选择应该精、巧,并且服务于单元教学,能够指向素养的培养。

四、展望

《普通高中课程方案(2017年版)》在"修订的主要内容和变化"部分更是指出:"重视以学科大概念为核心,使课程内容结构化,以主题为引领,使课程内容情境化,促进学科核心素养的落实。"[7]在核心素养理念的指导下,单元教学设计受到多方重视。然而素养的发展不是靠几节课就能完成的,而是需要较为长期的循序渐进的过程，需要跨课时甚至跨学期、跨年级来达成。因此，需要教师系统化地思考并开展整体性、结构化的单元教学设计。单元作业是实现单元教学目标的重要途径。从学生的角度，单元作业设计有利于学生巩固和完善对核心概念的学习，其反馈也能帮助教师和学生发现问题并加以改进。从教师的角度，单元作业设计有助于教师系统思考单元目标、教学、评价与作业，单元教学设计主题的教研活动能够促进教师专业发展[8]。但就目前调查数据看，存在着多数教师对核心素养和单元教学设计的理论学习表面化的问题。

单元整体教学开展得如火如荼，但单元作业设计却还是以比较尴尬的状态存在着——单元作业设计与课堂教学脱节，缺少联系。王月芬曾指出“单元，应该成为作业设计的基本单位。”以单元为单位的作业设计具有其独特价值。不同于常规的课时作业设计模式，单元作业设计对教与学都具有独特优势。一方面，可以让教师避免将作业独立于教学设计之外，教师能以更整合性和有效性的单元视角系统思考。如作业是否反映单元目标，是否能巩固、反馈、拓展单元教学内容，是否能评价学生的单元学习等。这些思考促进教师更系统地对单元目标、教学、评价、作业进行研究，挖掘作业的最优价值。单元作业设计所具有的关联性和递进性可以避免各课时作业间的割裂，避免一些低水平、机械操练类作业的反复。单元作业设计还能够有效提高作业的结构性，有利于合理安排不同类型、难度、时间等的分布。另一方面，作业质量的高低直接影响学生的学习效果，但目前生物学教科书课后练习存在题量偏少、题型单一、缺乏层次性、无法体现学生的学习差异等问题。学生仅仅通过完成这些习题，很难达到课标要求。教师在实际教学中普遍选用的教辅习题，如果不加设计和整合容易造成学生疲于应付、低效甚至无效，无法做到尊重学生个体差异，让不同层次水平的全体学生都获得发展。教育者本着面向全体学生的理念，应努力创造“一把钥匙开一把锁”[9]。单元作业中进行分层设计，既能争取使大多数学生达到时代所要求的培养目标，又能一定程度上为教学“减负”[10]。

当核心素养培育成为教育的共识时，教学设计正逐渐从“灌输式学习”转变为“活动导向的设计”。在由学习者对核心概念的理解出发的逆向教学设计中，作业设计不仅具有教学反馈的作用，更有着重要的教学评估意义。我国迈入新百年教育时代，我国教育学者张卓玉2021年7月12日在《指向核心素养的项目式学习区域整体改革启动暨首次研讨活动》的项目启动中指出，作业改革是重要的亟待教育工作者们践行探索的课题。作业设计是一个复杂和系统的过程，它的变革不是一蹴而就的，而是需要不断地研究与实践。

综上，单元作业设计是当今教学中的关键环节，是学生知识巩固和能力素养提升的重要途径，单元作业设计中渗透对学生核心素养的培养是确实可行且有效的。然而，当前单元作业设计相关研究较少，还需要继续探索发挥其最大价值——推进项目式学习的作业改革，促进教育教学的改革，为核心素养、新课程标准的落实筑路。

参考文献

[1]王月芬，等.透析作业：基于30000份数据的研究[M].上海：华东师范大学出版社，2014：1.

[2]孙重阳，孙德志，刘国康.单元教学设计：学科核心素养落地的有效途径[J].江苏教育，2018(51)：52-54.

[3]周坤亮.单元作业设计：为何与何为？[J].江苏教育研究，2020(5)：4-8.

[4]王月芬.作业设计能力——未被重视的质量提升途径[J].人民教育，2018(13)：58-62.

[5]周洁惠.单元作业设计对真实性学力的培养——以沪教版初中物理第一章“声”为例[J].中学物理教学参考，2019，48(12)：18-19.

[6]张明月，周伟鹏，林辉祥，等.初中化学单元作业设计流程[J].中学化学，2020(8)：4-5.

[7] 刘恩山，刘晟.核心素养作引领，注重实践少而精——《普通高中生物学课程标准》修订思路与特色[J].生物学通报，2017，52(8)：8-11.

[8] 吕世虎，吴振英，杨婷，等.单元教学设计及其对促进数学教师专业发展的作用[J].数学教育学报，2016(25)：21.

[9] 郑玲玲.高中生物学分层性作业设计[J].福建基础教育研究，2016(2)：109-111.

[10] 江建来.高中生物“分层教学”的探究与实践[J].中学生物学，2005，21(8)：19-22.

巧设单元作业，
让学生乐学精思

案例汇编

01

让学生的“童年”点亮语文综合实践课堂

——统编教科书《语文》六年级下册第六单元“单元作业”设计

北京师范大学厦门海沧附属学校　蓝辉春

◆单元名称

统编教科书《语文》六年级下册第六单元——《综合性学习：难忘小学生活》。

◆单元学习内容与前后联系

转眼间，孩子们六年的小学生活将要画上一个圆满的句号，他们将和母校、老师和同学们挥手说再见了，这六年中发生了多少让他们难忘的事，留下了多少挥之不去的记忆！这六年的时光是他们在人生道路上开始起步而又永远难忘的岁月。临近毕业之际，在老师的引导下他们打开记忆的闸门，围绕“难忘小学生活”这个主题，开展一次综合性学习活动，回忆那些留在岁月长河中忘不掉的纯真，品味其间流淌的浓浓情意，采用不同的方式把师生情、同学情、家校情和与悉心陪伴着孩子们成长的长辈们之间的亲情表达出来，并让它永驻心间。

本册教材第六单元，也是小学阶段最后一个学习单元安排的综合性学习活动，是继五年级下册第三单元《综合性学习：遨游汉字王国》之后的一次“知识内容与学习能力”融合的大综合单元，要求更高，学生的自主程度更大。同时它又为七年级上册《综合性学习：少年正是读书时》学习活动的展开起到很好的过渡衔接作用，七年级上册的学习任务是阅读《有关机构国民阅读指标数据》《个人阅读状况调查问卷》和《名家谈读书》等三则资料，围绕“填写调查问卷—同学之间找差距—共同研讨促阅读”的思路展开，重在激发孩子的阅读兴趣，培养阅读习惯和在营造良好的阅读环境上下功夫。因此本单元的教学要充分发挥好承前启后的桥梁作用，帮助学生完成好活动任务，达成单元学习目标。

◆单元教材简述与教学思路

本次活动分“回忆往事”和“依依惜别”两大模块，拟采用“任务驱动，整体推进，突出重点，强化素养”的单元整体教学思路展开，指导学生完成好本单元综合性学习的任务，达成“运用学过的方法整理资料和策划简单的校园活动，学写策划书”的学习目标，本次综合性学习与以往的综合性学习单元相比，学生自主活动的比重更大，借助本次综合性学习活动的良好契机，教师既要引领学生回忆小学生活，学会感恩，表达情感，又要通过活动来培养学生的合作、创新精神与组织、策划和实践能力。

其中“回忆往事”模块安排了阅读材料“1.老师领进门”“2.作文上的红双圈”“3.如何制作成长纪念册”，要以制作“成长纪念册”为中心开展活动，为了完成好“成长纪念册”这一模块的学习，主要应完成以下三个阶段的活动任务：

1.拟定活动计划安排表，读懂“阅读材料”中的文章，打开“回忆往事”的思路；

2.回忆和说说自己“成长的故事”，共同寻找班级“成长的足迹”，写写小学生活中难忘的人和事，分享难忘的回忆；

3.搜集、整理个人和集体“成长的足迹”相关资料，筛选典型资料填写好“时间轴”，梳理出“成长”主题资料的思维导图，按“编年体”或“栏目式”的思路或二者融合的思路编制“成长记录册”。

在“依依惜别”模块则安排了“1.我为少男少女们歌唱”“2.聪明在于学习，天才在于积累——华罗庚1956年在北京大学的演讲”“3.给老师的一封信”“4.毕业赠言”4篇阅读材料，要以筹划一台“毕业联欢会”为中心开展活动，为了成功举办“毕业联欢会”这一模块的学习，主要应完成以下三个阶段的活动任务：

1.围绕活动主题，合理设计“毕业联欢会”的活动策划书；

2.阅读提供的“阅读材料”，制定活动目标，明确活动任务，拟定活动方案；

3.活动成果展示：举办毕业联欢会，“成长纪念册”欣赏交流，分享毕业赠言。

◆单元重难点突破与作业设计构想

一、教学重难点与突破策略

1.教学重点

综合性学习“难忘小学生活”要以学生自己的活动为主，本次活动分“回忆往事”和“依依惜别”两大模块。其中“回忆往事”模块要以制作“成长纪念册”为中心开展活动，而“依依惜别”模块要以筹划一台“毕业联欢会”为中心开展活动。

2.教学难点

教学的难点在于教师既要引领学生回忆小学生活，学会感恩，表达情感，又要通过活动培养学生的合作、创新精神与组织、策划和实践能力。

3.突破策略

本次综合性学习与以往的综合性学习单元相比，学生自主活动的比重更大，在这次综合性学习活动中，教师既要引领学生回忆小学生活，学会感恩，表达情感，又要通过活动培养学生的合作、创新精神与组织、策划和实践能力。为了突破本次语文综合性学习的重难点，我们可以采用这样的策略：

(1)小组合作制定综合性学习计划安排表

具体应包括“清楚活动内容—明确活动任务—确定活动时间—合理分工安

排”这些要素内容。

(2)制作“成长纪念册”

分“填写时间轴—分享美好回忆—制作纪念册”三个步骤完成。

(3)完成一台毕业联欢会的活动策划书

具体应该包括“活动主题(名称)—活动目的—活动时间—活动地点—活动分工(含活动组织、节目统筹、会场布置、道具准备、主持与串词撰写排练、秩序维护、设备保障、场地清洁、摄影录像、活动报道、活动总结)—活动流程:毕业演讲(含学生毕业感言、家长代表发言、教师代表讲话、校长毕业致辞)—节目表演—欣赏成长纪念册—交换毕业赠言—学生向母校献礼”。

(4)为母校做点事

应该根据学校的实际情况,因地制宜,为母校做点事既是学校所需要的,同时又是小学生力所能及的。比如可开展给校长写信,为学校的发展表达希望,献言献策;给老师和父母等长辈写信,表达感恩之情;给同学和朋友写信,期待友情长存;给20年后的自己写信,寄托美好愿景;在校园种下“成长树”,向母校献礼等系列活动。

(5)写临别赠言

赠言要因人而异,重在表达真情,寄托真诚祝福,宜朴素简单又能打动人,评评谁的赠言最有个性,最风趣,最幽默,最有文采,最能体现真实生活又最能表达惜别之情。

(6)举办一场“毕业联欢会”

认真准备,精心排练,科学安排,邀请家长和学校领导、嘉宾观看演出,共享分别之际的美好时光。

二、单元作业编制说明

语文课程是一门学习语言文字运用的综合性、实践性课程,工具性与人文性的融合是语文核心素养的两大支柱和语文教育教学的重心所在。本单元是学生小学语文学习阶段的最后一个单元,也是学生告别小学生活的综合性学习单元,本单元的“单元作业”设计主要体现以下编写意图和设计特色：

1.整体介绍

六年级下册第六单元为“难忘小学生活”综合性学习活动单元，分为“回忆往事”和“依依惜别”两大模块，教材共提出五个“活动建议”，明确“六大任务”，分别是：学习“阅读材料”、填写时间轴、分享美好回忆、制作成长纪念册、举办毕业联欢会和写信。

依据本单元教材内容和学科特点，结合《课程标准》要求、参考教学用书、分析学段学情等因素，本单元“单元作业设计”中共设计了 8 条单元作业目标。第 1~4 条指向“制作成长纪念册”这一核心活动，旨在引导学生通过对课文的学习，知道、理解“综合性学习”的基本任务，清楚“成长纪念册”制作思路与编排方式，完成“成长纪念册”的制作。第 5~7 条要求学生能够在“回忆往事”的基础上，达成“撰写举办毕业联欢会活动策划书、写毕业演讲稿、写信和毕业赠言”这一系列目标，并交流分享，评议改进。第 8 条指向“举办毕业联欢会”，要求学生参考教师提供的活动提示，精心策划，认真准备，自主举办毕业联欢会，这是对学生合作、创新精神与组织、策划和实践能力的综合考察。

2.单元作业设计特点

（1）整体推进

各项活动由读到写，再到综合实践活动，学习活动本身由相对单纯渐趋复杂，各环节之间既相互独立又前后联系，环环相扣，从易到难，结合常见教学流程，方便师生开展学习活动。笔者提出的 8 条单元作业目标也是按照这样的逻辑，从读到写，再到综合实践活动这样的整体规划思路推进实施的。

（2）重点突出

依据本单元教材课文安排的两大“模块”活动内容，遵循编者的五大教学建议，在整体规划活动思路的基础上，明确“制作成长纪念册”和“举办毕业联欢会”两大活动重心，活动采用由易到难，分步推进，老师紧扣活动要点相机指点，为学生打开活动思路支着，环环相扣，以学生自主活动为主线，帮助学生达成单元学习目标。

(3)强化素养

本单元“单元作业设计”依纲扣本,关注学科素养,吃透编者意图,在深入研读教材的基础上,依据《课程标准》要求及新教材使用教学建议要求,重在检测小学毕业生的学业水平与强化语文学科素养。因此本单元“单元作业设计”中将确定的8条单元作业目标,编制成19条课后作业目标,并将其分散到6~7个课时学习活动中。在题目的适应性和实用性上着力,力求整合单元学习资源,可最大限度供更多不同区域、学习程度不同的六年级孩子学习使用,在难易度与题量的把握上,中等难度的题目最多,难题次之,容易题最少,符合本次“综合性学习”对学生的训练要求。总预估作业时间为150分钟,分散到7个课时之中,课内外相结合,课内课外同步推进,融合并重,平均作业时间在20分钟左右,符合小学中、高年级学生每天各科书面作业总量平均不超过60分钟的规定。

综上所述,本单元所编制的难度层次递进的单元作业适合城镇学校和农村中心校的六年级毕业班的学生练习使用。本单元作业中设计的练习以本单元呈现的单元主题阅读材料和训练话题为出发点,既源于教材,又高于教材,贴近学生的生活实际和学习水平,重视学生对所学知识的盘活和迁移运用,针对所选择的语境、话题和情境材料在题型设计上尽量做到原创,追求科学、适切和规范性,力求适用学生人群范围的最大化,在符合《课程标准》要求的基础上,为不同发展潜力和能力特征的学生提供需要运用所学知识解决的新问题,促进不同程度学生能力的发展,体现面向全体、因材施教、关注差异、整体提升理念,能较有效且准确地反映学生的整体学习能力、语文水平和学科综合素养。

◆单元作业设计

一、单元作业目标

编制说明:

1.单元作业目标是依据统编教科书《语文》教材六年级下册第六单元教材安

排的“综合性学习：难忘小学生活”的学习内容，依据本单元教材特点，结合《课程标准》要求、参考教学用书、分析学段学情等诸多要素，综合考量后编制的单元作业总体目标。

2.“单元作业目标序号”用年级+学期+单元+目标序号的方式表示，如六年级第二学期第六单元第一条目标的单元作业目标序号为620601……其余题号以此类推，标注“＊”为重点目标(表1)。

表1　单元作业目标

单元作业目标序号	单元作业目标	学习水平
620601	自学单元教材内容，了解教学建议，明确活动任务，清楚学习目标，熟悉活动成果，确定活动安排，制定综合性学习计划安排表	知道
620602	阅读“回忆往事”模块“阅读材料”1和2，理解文章内容，引导学生开启思路，把令自己难忘的人、事、活动和课堂场景等记录下来，并收集相关的照片、作品等资料	知道
620603＊	熟悉“成长纪念册”的制作流程，依据收集整理的相关资料“填写时间轴”，分享难忘回忆，依据内容编绘“成长轨迹”思维导图，为制作“成长纪念册”做好准备	理解
620604＊	依据编绘的“成长轨迹”思维导图，恰当筛选出“成长”主题的相关资料，按“编年体”或“栏目式”的思路或两者融合的思路，合理编排具体内容(包括设计个性化封面，取个好听的名字；扉页：卷首语或成长感言；正文与编后语等)，编制“成长记录册”	应用
620605	为了办好联欢会，模仿范例设计一份“毕业联欢会活动”的策划书，熟悉流程，明确任务，做好演出前、演出时和演出后分工安排，按分工认真准备	应用
620606＊	运用阅读“依依惜别”模块“阅读材料”2和3这两篇文章的学习所得，撰写一篇以“母校，我们把您深情凝望”为主题的观点明确、思路清晰、内容充实的毕业演讲稿。同时复习“书信”格式，拓宽视角，鼓励学生给校长、老师和父母等长辈、同学和朋友或者20年后的自己写信	应用
620607＊	运用阅读“依依惜别”模块“阅读材料”1和4这两篇文章的学习所得，选择多个角度学习写毕业赠言和毕业感言，进行师生诗朗诵排练	应用
620608＊	自主组织“毕业联欢会”，设计节目单，策划安排流程，排练节目，做好演出前、演出时和演出后的各项活动安排	综合

二、课后作业目标

编制说明：

1.课后作业目标是依据已经确定的单元作业目标，编制的每一课时后的具体作业目标。

2."课后作业目标编号"用课时+题目序号的方式表示。如第一课时的第一条课后作业目标为 0101，其余题目以此类推。

"回忆往事"模块活动任务

1.阅读相关文章，整体把握教材内容，引导学生回忆即将告别的小学生活，拟定综合性学习计划安排表；

2.阅读"阅读材料"1 和 2，引导学生开启思路，回忆六年的小学生活，回忆令自己最难忘的人、事、活动和课堂场景等与同学分享，填写时间轴；

3.收集整理"成长轨迹"的相关资料，编绘"成长"主题资料思维导图，筛选时间轴上有代表性内容，了解制作成长纪念册的步骤，选取合适的思路和体例制作成长纪念册。

第一课时：拟定综合性学习计划安排表

( )本课教学重点

阅读相关文章，整体把握教材内容，引导学生回忆即将告别的小学生活，拟定综合性学习计划安排表。

(二)课后作业目标(表 2)

表 2 第一课时课后作业目标

课后作业目标编号	课后作业目标	对应教学重点	对应单元作业编号
0101	阅读相关文章，整体把握教材内容，引导学生回忆即将告别的小学生活	拟定综合性学习计划安排表	620601

（三）拟定题目

（整合改编）阅读相关文章，整体把握教材内容，梳理活动任务。根据提示内容，完成综合性学习计划安排表（表 3）。

表 3 “难忘小学生活”综合性学习计划安排表

活动主题	活动时间	活动任务	活动地点	组织者	预期成果
回忆往事					
依依惜别					

（本题对应课后作业目标 0101）

第二课时：学习“阅读材料”1～3，分享难忘回忆

（一）本课教学重点

1.阅读“阅读材料”1 和 2，引导学生开启思路，回忆六年的小学生活；

2.回忆令自己最难忘的人、事、活动和课堂场景等与同学分享，填写时间轴；

3.收集整理“成长轨迹”的相关资料，编绘“成长”主题资料思维导图。

（二）课后作业目标（表 4）

表 4 第二课时课后作业目标

课后作业目标编号	课后作业目标	对应教学重点	对应单元作业编号
0201	阅读“阅读材料”1 和 2，引导学生开启思路，回忆六年的小学生活	1	620602
0202	填写时间轴，回忆令自己最难忘的人、事、活动和课堂场景等，与同学分享	2	620602 620603 *
0203	收集整理“成长轨迹”的相关资料，编绘“成长”主题资料思维导图	3	620603 *

（三）拟定题目

1.（原创）联系课文，猜猜我是谁？根据意思从文中快速找出相对应的词语。

（1）原指桃树和李树，文中用来比喻所教的学生。（　　　　）

（2）拘谨、拘束，文中指“我”的表现故作镇静但显得不够自然大方。（　　　　）

(3)形容令人惊讶或引人注目。(　　　　　)

(4)反复做相同的某件事情。(　　　　　)

(5)形容善于说话,使人爱听。(　　　　　)

(6)指作品富有感染力,引人进入佳境(指风景或作品等)。(　　　　　)

(7)形容声音突然中止。(　　　　　)

(8)不经意间在地里插下的柳枝竟长成参天大树,绿树成荫了。比喻不经意间做的事情却很顺利地有了意想不到的好结果。(　　　　　)

(本题对应课后作业目标0201)

2.(原创)自读课文,质疑探究,理解重点词句的意思。

(1)课文《老师领进门》中题目中的"门"指的是什么意思?文中的田老师是怎样把我领进门的?

(2)课文《作文上的红双圈》中题目中的"红双圈"指的是什么?文中老师的这种做法带给了我怎样的深远影响?

(3)"十年树木,百年树人;插柳之恩,终生难忘。"这句话是什么意思?说说你从中体会到作者怎样的感情?

(4)"我"的作文《补考》有着怎样一段不平凡的经历?联系课文最后2个自然段的内容,想想课文表达了作者怎样的思想感情?

(本题对应课后作业目标0201)

3.(原创)比较阅读,理解内容,体会文章写作方法的异同。

(1)用简练的语言概括《老师领进门》和《作文上的红双圈》的主要内容。

(2)联系课文内容,体会两篇文章的写作特点。

(本题对应课后作业目标0201)

4.(整合改编)拓展延伸,开启思路,引导学生回忆小学生活。

(1)你的启蒙老师是谁?他带给你怎样的影响?请说说你与启蒙老师之间的故事吧?

（2）一次表扬和奖励常常会给人带来无穷的力量和深远的影响，你有过那些印象深刻的表扬和奖励吗？跟同学交流一下吧？

（本题对应课后作业目标 0201）

5.（整合改编）六年的小学生活中有哪些令你印象深刻的人、事、物、活动和课堂场景等？搜集相关资料，完成表格，填写时间轴。

（1）（原创）回忆小学生活，完成表 5。

表 5　难忘的小学生活

难忘的小学生活	具体内容或典型事例	令你难忘的理由	保存的主要资料
最难忘的一位老师			
印象最深刻的一堂课			
忘不了的那次家长会			
最要好的同学或朋友			
最难忘的一次活动			
特别的全员运动会			
最精彩的文艺演出			
最得意的一件作品			
最难忘的……			

（2）搜集整理资料，结合表格内容填写时间轴（学习示例图具体内容见课本 P95）。

（本题对应课后作业目标 0202）

6.（示例运用）请你根据填写的时间轴，学习下面图例（图 1）编绘一幅“成长”主题资料思维导图。

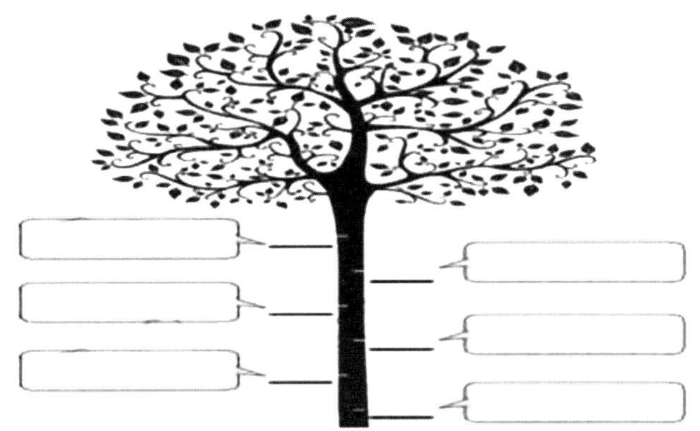

图1　学生自编“成长”主题资料的思维导图

(具体图例略)　　(本题对应课后作业目标0203)

第三课时:学习如何制作成长纪念册

(一)本课教学重点

1.阅读“回忆往事”模块“阅读材料”3,理解文章内容,了解制作成长纪念册的步骤、编排体例和内容安排思路;

2.根据收集整理后的“成长轨迹”的相关资料与编绘好的“成长”主题资料思维导图,筛选时间轴上有代表性的内容,选取合适的思路和体例制作成长纪念册。

(二)课后作业目标(表6)

表6　第三课时课后作业目标

课后作业目标编号	课后作业目标	对应教学重点	对应单元作业编号
0301	阅读“回忆往事”模块“阅读材料”3,理解文章内容,了解制作成长纪念册的步骤、编排体例和内容安排思路	1	620604 *
0302	根据收集整理后的“成长轨迹”的相关资料与编绘好的“成长”主题资料思维导图,筛选时间轴上有代表性的内容,选取合适的思路和体例制作成长纪念册	2	620604 *

（三）拟定题目

1.（原创）在这篇阅读材料中，作者主要告诉我们如何制作成长纪念册。在编制成长纪念册时可分三步走：

首先________________，其次________________，最后________________。

一本精美的成长纪念册一般来说，除了要取一个贴切、有吸引力的名字外，可分为（　　　　）—（　　　　）—（　　　　）等几个部分，通常可以采用（　　）和（　　）的方式制作成长纪念册，也可以将这两种方式融合运用，最好选择最能表现你独特个性和创意的方式来制作，会更有吸引力。

（本题对应课后作业目标 0301）

2.（原创）根据编绘好的“成长”主题资料思维导图，筛选时间轴上有代表性的内容，选取合适的思路和体例制作成长纪念册。（具体内容略）

（本题对应课后作业目标 0302）

“依依惜别”模块活动任务

1.认真阅读“依依惜别”模块内容，为了办好联欢会，模仿范例设计一份“毕业联欢会活动”的策划书。

2.运用阅读“依依惜别”模块“阅读材料”2 和 3 这两篇文章的学习所得，撰写一篇以“母校，我们把您深情凝望”为主题的观点明确、思路清晰、内容充实的毕业演讲稿。同时复习“书信”格式，拓宽视角，鼓励学生给校长、老师和父母等长辈、同学和朋友或者 20 年后的自己写信。

3.运用阅读“依依惜别”模块“阅读材料”1 和 4 这两篇文章的学习所得，选择多个角度学习写毕业赠言和毕业感言，进行师生诗朗诵排练。

4.自主组织“毕业联欢会”，设计节目单，策划安排好活动流程，排练节目，做好演出前、演出时和演出后的各项活动安排。

第四课时：阅读“依依惜别”模块内容，设计“毕业联欢会活动”的策划书

（一）本课教学重点

认真阅读“依依惜别”模块内容，为了办好联欢会，模仿范例设计一份“毕业联欢会活动”的策划书。

（二）课后作业目标（表7）

表7　第四课时课后作业目标

课后作业目标编号	课后作业目标	对应教学重点	对应单元作业编号
0401	认真阅读"依依惜别"模块内容，为了办好联欢会，模仿范例设计一份"毕业联欢会活动"的策划书	模仿范例设计一份"毕业联欢会活动"的策划书	620605

（三）拟定题目

（示例运用）请认真阅读"依依惜别"模块内容，学习下面示例完成一份"毕业联欢会"的活动策划书，注意分工职责要明确，活动流程要清楚。

学习示例（见课本P101~102，具体内容如图2所示）：

毕业联欢会活动策划书

活动名称　"再见了，母校"毕业联欢会
活动目的　感恩母校，感谢师友，告别小学生活
活动时间　6月29日
活动地点　阶梯教室
活动分工　节目统筹：________
会场布置：________
道具准备：________
主持与串词撰写：________
秩序维护：________
场地清洁：________
活动报道：________

分工职责要明确。

活动流程　1. 毕业演讲
2. 节目表演
3. 交换毕业赠言

活动流程要清楚。

图2　毕业联欢会活动策划书

（具体图例略）　（本题对应课后作业目标0401）

第五课时：阅读“依依惜别”模块“阅读材料”2 和 3，学习写信和写演讲稿

（一）本课教学重点

1.运用阅读“依依惜别”模块 “阅读材料”2 和 3 这两篇文章的学习所得，撰写一篇以“母校，我们把您深情凝望”为主题的观点明确、思路清晰、内容充实的毕业演讲稿；

2.复习“书信”格式，拓宽视角，鼓励学生给校长、老师和父母等长辈、同学和朋友或者 20 年后的自己写信。

（二）课后作业目标（表 8）

表 8　第五课时课后作业目标

课后作业目标编号	课后作业目标	对应教学重点	对应单元作业编号
0501	运用阅读文章的学习所得，撰写一篇以“母校，我们把您深情凝望”为主题的毕业演讲稿	1	620606 *
0502	复习“书信”格式，拓宽视角，鼓励学生给校长、老师和父母等长辈、同学和朋友或者 20 年后的自己写信	2	620606 *

（三）拟定题目

1.结合学习“阅读材料”2 的体会，学习撰写演讲稿。

（1）（原创）请结合学习《为人民服务》和《聪明在于学习，天才在于积累》的收获，总结“演讲稿”写作要领。

一篇能打动人的演讲稿，要注意做到：

①格式要规范：标题要醒目，写在正文前面第一行的中间；称呼根据听众对象和演讲内容来确定，写在顶行顶格，后面要加冒号“：”；

②正文部分通常由开头、主体和结语三部分组成。其中开头部分的主要目标是（　　　），主体部分的主要任务是（　　　），结语部分的主要作用是（　　　）。

（本题对应课后作业目标 0501）

（2）（原创）根据提供的主题“母校，我们把您深情凝望”写一篇演讲稿，不少于 600 字，准备在毕业联欢会上演讲。

（本题对应课后作业目标 0501）

2.(原创)复习书信的格式,根据提供的角度任选一个对象写一封信。

(1)书信通常由(　　　)、(　　　)、(　　　)、(　　　)、署名(包含自称和姓名两个部分)和(　　　)这几个部分组成,正文部分有几件事(或几个方面)就分几段来写,重要的内容写得详细些,次要的内容写得简略些。

(本题对应课后作业目标 0502)

(2)(原创)拓宽视角,请你根据提供的角度给校长、老师和父母等长辈、同学和朋友或者 20 年后的自己等任选一个对象写一封信。

(本题对应课后作业目标 0502)

第六课时:阅读“依依惜别”模块“阅读材料”1 和 4,学写毕业赠言或毕业感言

(一)本课教学重点

1. 运用阅读“依依惜别”模块“阅读材料”1 和 4 这两篇文章的学习所得,体会毕业赠言的特点;

2.学“语”致用,选择多个角度学习写毕业赠言和毕业感言,进行师生诗朗诵排练。

(二)课后作业目标(表 9)

表 9　第六课时课后作业目标

课后作业目标编号	课后作业目标	对应教学重点	对应单元作业编号
0601	认真阅读“依依惜别”模块“阅读材料”1 和 4 这两篇文章,体会毕业赠言的特点	1	620607 *
0602	选择多个角度学习写毕业赠言和毕业感言,进行师生诗朗诵排练	2	620607 *

(三)拟定题目

1.(原创)阅读《我为少男少女们歌唱》,完成填空练习:

《我为少男少女们歌唱》是现代作家(　　　)先生创作的一首现代诗,诗歌的第一节运用(　　　)的修辞手法,一口气歌唱了(　　)、(　　)、(　　)和

(　　)这四种事物，他们都有(　　　　)的共同特点，充分表达了诗人(　　　　)的思想感情。

(本题对应课后作业目标 0601)

2.(原创)通过阅读给老师和同学的《毕业赠言》，我们体会到“毕业赠言”的写作要注意体现以下四个要求：一是内容(　　　　)，贴近生活；二是语言(　　　　)，短小精悍；三是感情(　　　　)，表达祝愿；四是形式(　　　　)，简单朴素。

(本题对应课后作业目标 0601)

3.(原创)毕业赠言集锦：根据下列提供的写作角度，学习写“毕业赠言”。

时光匆匆，六年小学生活的美好时光转眼间已一晃而过，校园中的一事一物、一人一景，在你脑海中留下难忘的烙印。在这毕业之际，你有许多话想对身边的人倾诉。此时此刻，此情此景，让你心中的闸门瞬间被打开。临别之际，你最想说的心里话是什么呢？请拿起手中的笔尽情倾诉吧！

我想对学校说：________________________________。

我想对校长说：________________________________。

我想对老师说：________________________________。

我想对同学说：________________________________。

我想对家长说：________________________________。

(本题对应课后作业目标 0602)

第七课时：“难忘的小学生活”学习成果汇报

(一)本课教学重点

1.自主组织“毕业联欢会”，策划安排活动流程，设计节目单；

2.排练节目，做好演出前、演出时和演出后的各项活动安排，完成“毕业联欢会”正式演出。

（二）课后作业目标（表 10）

表 10　第七课时课后作业目标

课后作业目标编号	课后作业目标	对应教学重点	对应单元作业编号
0701	自主组织“毕业联欢会”，策划安排活动流程，设计节目单	1	620608 *
0702	排练节目，做好演出前、演出时和演出后的各项活动安排，完成“毕业联欢会”正式演出	2	620608 *

（三）拟定题目

1.（示例运用）请认真阅读“依依惜别”模块内容中“节目单”的样例，合理安排演出的流程，设计一份“毕业联欢会”的节目单。

学习示例（见课本 P102，如图 3 所示）：

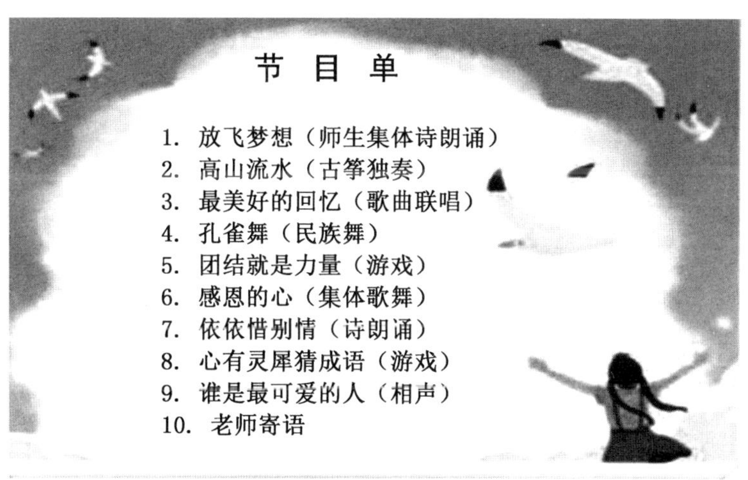

图 3　“节目单”学习示例

（本题对应课后作业目标 0701）

学生设计完成的“毕业联欢会”节目单：

（具体图例略）　（本题对应课后作业目标 0701）

2.（原创）确定具体时间，做好充分准备，邀请嘉宾，完成“毕业联欢会”的正式演出。

（具体内容略）　　（本题对应课后作业目标 0702）

三、题目双向分析评估

说明：通过分析题目，评估题目目标水平、难度、时间等是否合适，如表 11 所示。

表 11　课后作业目标及其属性表（双向细目表）

课后作业目标序号	课后作业目标	目标水平				题目难度			预估时间	对应单元作业编号
		知道	理解	应用	综合	易	中等	难		
0101	阅读“难忘小学生活”课文内容，拟定综合性学习计划安排表	√				√			10	620601
0201	阅读“阅读材料”1 和 2，开启回忆“小学生活”思路，收集制作纪念册的相关资料	√	√			√	√		10	620602
0202	分享难忘回忆，填写“成长轨迹”时间轴，整理制作纪念册资料		√				√		10	620602 620603 *
0203	根据填写的“成长轨迹”时间轴，完成“成长”主题资料思维导图			√			√		10	620603 *
0301	阅读《如何制作成长纪念册》，了解制作步骤，体例和思路		√				√		10	620604 *
0302	筛选有代表性的内容，选取合适的思路和体例制作成长纪念册			√			√		10	620604 *
0401	根据样例模仿设计一份“毕业联欢会活动”的策划书			√			√		10	620605
0501	理解演讲稿的内容和写作要领，根据提供的话题学写演讲稿		√	√				√	30	620606 *
0502	复习书信的格式，根据提供的写作角度选择合适的对象写一封信	√		√			√		30	620606 *
0601	阅读“阅读材料 1 和 4”，理解内容，领会毕业赠言的写作要求	√	√				√		10	620607 *
0602	根据提供的角度学写毕业赠言			√			√		10	620607 *

续表

课后作业目标序号	课后作业目标	目标水平				题目难度			预估时间	对应单元作业编号
		知道	理解	应用	综合	易	中等	难		
0701	根据提供样例学习设计"毕业联欢会"的演出节目单,进行彩排			√			√		10	620608 *
0702	以班级或者年级为单位,自主组织"毕业联欢会"正式演出				√			√	40	620608 *

综合分析:统编教科书《语文》教材六年级下册第六单元作业设计依纲扣本,关注学科素养,吃透编者意图,在深入研读教材的基础上,依据《课程标准》要求及新教材使用教学建议要求,重在检测小学毕业生的学业水平与强化语文学科素养,笔者将确定的 8 条单元作业目标,编制成 19 条课后作业目标,并将其分散到 7 个课时学习活动中(表 12)。在题目的适应性和实用性上着力,力求整合单元学习资源,可最大限度供更多不同区域、学习程度不同的六年级孩子学习使用,依据每课时作业目标,编制本套单元作业题。

表 12 单元作业目标信息汇总

信息汇总						
单元作业目标序号	相应题目序号	相同水平的题		相同难度的题		预估时间汇总
620601	0101	知道	1	易	1	150 分钟
620602	0201 0202	知道 理解	2 1	易 中等	2 1	
620603 *	0202 0203	理解 应用	1 2	易 中等	1 2	
620604 *	0301 0302	应用	2	中等	2	
620605	0401	应用	1	中等	1	
620606 *	0501 0502	运用	4	中等	2	
620607 *	0601 0602	运用	3	中等	2	
620608 *	0701 0702	应用 综合	1 1	中等 难	1 1	汇报演出时间预估 40 分钟,单列计算

本套单元作业设计，题目总体水平符合综合性学习单元的作业要求和学科特点。在题目难度上中等难度最多，难题次之，容易题最少，基本符合对学生训练要求。总预估作业时间为 150 分，分散到 7 个课时之中，课内课外同步推进，课内外融合并重，平均作业时间在 20 分钟左右，符合小学中、高年级学生每天各科书面作业总量平均不超过 60 分钟的规定。

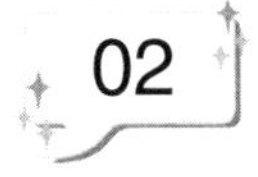

以生活问题驱动，促高阶思维发展

——《年、月、日》“单元作业”编制说明

厦门市海沧区芸美小学　高维宏

◆单元内容

1.**单元内容**：本单元为人教版小学数学三年级下册第六单元《年、月、日》。

2.**教材解读**：本单元是“数与代数”领域中“常见的量”所属的相关内容。教材注意选取和学生生活联系紧密的素材，首先从学生熟悉的一些有意义的日子引入，让学生初步认识年、月、日；然后利用年历和月历组织学生进行一系列的探究活动，让学生在探索、思考、合作交流的过程中，了解年、月、日和平年、闰年的含义等相关知识。教材还介绍了拳头点数和记忆大月的歌诀，有助于学生利用生动有趣的方式记忆月和日的有关知识。

3.**单元分析**：学生已经在三年级上学期学习了“时、分、秒”，并在实际生活中积累了“年、月、日”方面的感性经验，有关年、月、日的知识也越来越多地出现在他们的生活和学习中，因此，关于“年、月、日”的概念，学生是有一定的生活经验和知识基础的。本单元正是在此基础上学习“年、月、日”这三个较长的时间单位。在此前一二年级的学习内容中学生已经了解了时间与时间单位时、分、秒，并能够通过钟表认识时间。在前面的学习中，学生已经对一日（一昼夜）有了概念，并能用12时计时法表示一天中的某个时刻，这为学习24时计时法做好了充分的准备。最后让学生用“年、月、日”的相关知识去解决实际问题，既能加深学生对知识的理解,又能帮助他们提高学以致用的能力。在作业实践中,应注重引导学生充分经历学习探索的过程,关注学生的起点和疑点,聚焦知识的结构化,让学生在参与活动的过程中掌握基本知识,形成基本技能;有效唤醒学生已有的生活经验,建立起已有生活经验和所学新知识的内在联系,从生活世界走向数学世界。

4.素养指向:据核心素养和新课程标准要求以及本课安排内容,在本单元《年、月、日》的学习中,在认知方面,学生认识“年、月、日”相关知识以及了解平年和闰年之间的区别,在此基础上,能够运用24时计时法表示时刻和计算简单的经过时间。在学习方法和认识过程方面,学生要借助丰富的生活经验主动地进行探索,并在自主探索和互动合作的基础上认识科学规范的数学知识,并能够运用自己所学的相关知识解决生活中一些简单的实际问题。在情感态度和价值观方面,引导学生认识世界,热爱生活,体会“年、月、日”在生活中的应用价值,感受数学无处不在的魅力。

◆适用对象

我校的学生主要以外来务工人员随迁子女为主,基于对我校实际情况的考量,本份单元作业的设计以中小学课程标准(2011版)为依据,本份作业题目多以中低难度内容为主,注重对基础知识和应用能力的练习,同时不乏鼓励学生个性表达的题目,适合区属大部分中等水平学校的三年级学生使用。

◆编制思路

本份单元作业的设计思路旨在以学生为主体，让思维生根发芽，促进学生深度学习。由于《年、月、日》的相关数学知识带有常识性质，而在生活中又常常受到一些“生活化”的相关知识的影响，因此本份作业优势在于通过创设时空旅行的奇幻情景，激发学生的练习兴趣，通过科学、规范、系统的练习后，掌握这方面的数学知识，并拓展了有关于时间的更多小知识，在练习中体会数学学科的魅力以及和生活的联系，让完成作业不再是单一的学习行为，更是让学生思维达到更深层次，培养了学生的高阶思维。单元作业编制思路如图 1 所示。

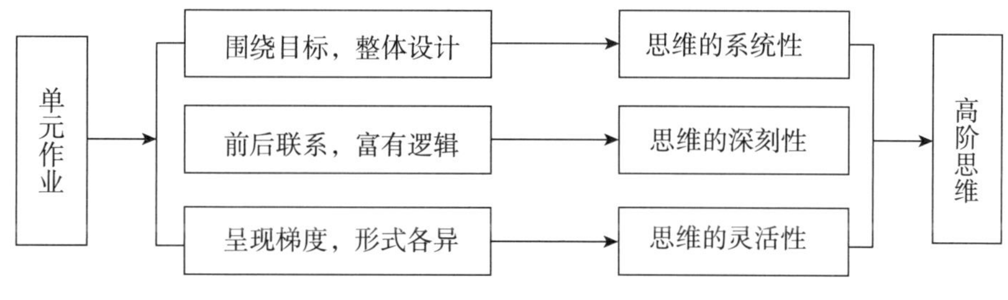

图 1 单元作业编制思路

◆编制意图

1. **夯实基础分步推进**。作业对于学生来说本来是相对枯燥的反复回顾、梳理、运用所学知识的再学习过程，本份作业根据学生年龄特点，创新地模拟了“时空旅行”的大情境，将“年、月、日”的相关练习有序呈现，避免过多机械、反复的练习。这样的单元作业使得本来枯燥的知识变得“好玩起来”，让作业练习成为学生有效巩固、反思和评价的载体，凸显了以学生为主体的设计理念。

2. **深化内涵形成结构**。有关“年、月、日”的知识具有常识性，早就进入学生的日常学习和生活中。但这些知识比较零散，不够系统，学生理解往往不够深刻。本作业编排了大量互动交流的情景，再加上作业最后的思维导图，意在引导学生尝试回顾和整理已有知识，形成系统化的知识体系，并将知识应用于问题解决中。

3.关注个性多元发展。本份作业在题目的选择上特别注意了题型的多样化和练习方式的层次化，以到达有效思考、深度学习为目的。给予学生充分思考的空间，让学生成为表达的主体，提倡多种不同结果的个性化表达，突出学生的主体地位。

4.巧借素材立德树人。本份作业通过呈现大量的生活素材，让学生体会数学学科与生活有着密不可分的联系，同时在作业中渗透了爱国主义、珍惜时间、遵纪守法和劳动教育等相关思想教育，学生不仅提升了知识能力，更培养了良好品德，凸显五育并举，切实地落实了“立德树人”的教育根本任务。

5.提质减量落实政策。《关于加强义务教育学校作业管理的通知》中明确指出教师应健全作业管理体制、严格控制作业总量、提升作业质量和加强作业指导等，充分发挥作业的诊断、巩固和学情分析作用。本份单元作业通过整合知识结构、深化知识应用，将作业量控制在三年级学生合适的完成时间范围内，以减轻学业压力和家长负担为出发点，立足于小学数学核心素养，让作业提质减量，切实贯彻中央的“双减”政策要求。

总的来说，本份作业坚持以习近平新时代中国特色社会主义思想为指导，以作业练习为载体，将单元知识内容整合成一个完整的知识体系，通过生动形象的方式帮助学生巩固知识，符合学生的年龄特点和学习规律，突出了素质教育导向，发展了数学学科的素养与能力，并架构了数学与生活之间的联系，具有一定的练习价值，也符合当下所构建的教育生态。

◆单元作业双向分析评估

说明：通过分析题目，评估题目标水平、难度、时间等是否合适，如表1所示。

表1 人教版三年级下册《年、月、日》单元作业双向细目表

题号	题型	知识领域：数与代数				知识内容	能力目标				过程目标			主要数学素养与能力
		数的认识	数的运算	常见的量	式与方程		了解 能说明对象的特征	理解 能阐述对象的区别与联系	掌握 将知识运用到新的情境中	应用 能综合运用知识	经历 在作业中获得经验	体验 参与到作业的数学活动中	探索 作业中能进行推理等活动	
1	填空题			√		了解国庆节的日期，渗透德育			√			√		符号意识
2	选择题			√		拓展有关于"年、月、日"的生活常识	√				√			数感
3	填空题		√			根据题目给的一段时间判断其中闰年年份的次数			√			√		运算能力
4	选择题			√		利用"年、月、日"知识综合判断正误				√			√	数感
5	选择题		√		√	将月份天数与简单乘法计算结合，考察解决问题能力		√					√	应用能力
6	选择题		√			能够根据条件判断出某日期是星期几				√			√	运算能力
7	解决问题	√		√		利用"年、月、日"的知识，进行推理解答并用语言表达进行说理			√	√			√	数据分析观念
8	填空题		√			根据起止时间简单地计算一天内经过的时间				√		√		运算能力
9	填空题		√			根据起止日期简单地计算一年内经过的时间				√		√		运算能力
10	填空题		√			根据条件计算生活中的时差				√		√		运算能力
11	解决问题		√		√	能用24时计时法表示时刻，并能计算出某一时刻			√	√		√		运算能力

续表

题号	题型	知识领域:数与代数				知识内容	能力目标				过程目标			主要数学素养与能力
		数的认识	数的运算	常见的量	式与方程		了解	理解	掌握	应用	经历	体验	探索	
							能说明对象的特征	能阐述对象的区别与联系	将知识运用到新的情境中	能综合运用知识	在作业中获得经验	参与到作业的数学活动中	作业中能进行推理等活动	
12	选择题			√		利用 24 时计时法进行合情推理			√				√	推理能力
13	解决问题		√			能够利用 24 时计时法进行计算、推理等综合运用			√	√			√	应用意识
14	解决问题			√	√	采用多种思维方式选择信息,提出并解决问题,发展四能			√	√			√	创新意识

◆单元作业设计

人教版小学《数学》三年级下册《年、月、日》单元作业

(适用对象:区属中等学校)

学校:__________　班级:__________　姓名:__________

小朋友们,结束了这一单元的学习,你们是不是也和老师一样体会到了“及时当勉励,岁月不待人”呢?今天就跟着老师一起乘坐时光机去体验我们的时光之旅吧!

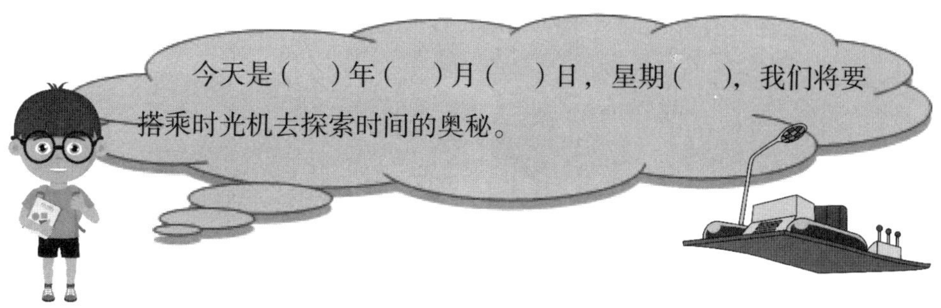

在时光旅行之前,牢记这首歌谣或许能够派上用场:

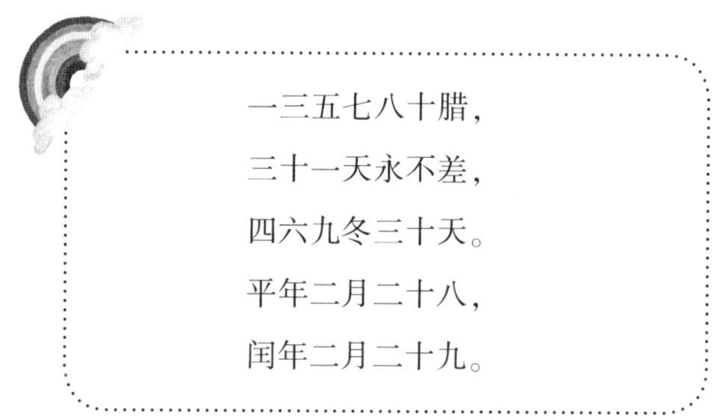

做好准备,时光机即将出发!

第一站:北京天安门广场

时间:( )年( )月( )日

事件:毛主席庄严宣告,"中华人民共和国成立啦!"

1.每年的( )月( )日被定为我国的"国庆节",算一算今天距离下一个国庆节还有( )天。

2.你知道这些有意义的日子吗? 动手连一连。

香港特别行政区回归祖国	每年的 9 月 10 日
北京申奥成功	1997 年 7 月 1 日
我国的教师节	2001 年 7 月 13 日
中国共产党建党 100 周年	2021 年 7 月 23 日

第二站:美丽的“海上花园”——厦门

时间:1980 年 10 月

事件:厦门获批准设立经济特区,吹起了改革开放的春风。

3.王叔叔是 1980 年 2 月 29 日出生的,到今年他已经过了(　　)次生日。

4.关于年月日,下列说法不正确的是(　　)。

A.2020 年正好是厦门特区改革开放 40 周年。

B.每年的 6 月 1 日是孩子们最喜爱的儿童节。

C.古诗“清明时节雨纷纷”指的是每年的 12 月常下雨。

D.“九八投洽会”是指每年 9 月 8 日在厦门举办的中国国际投资贸易洽谈会。

5.明明和他的小伙伴们希望能制作一份关于改革开放的手抄报。因此明明坚持每天阅读 12 页相关的图文资料,那么他从 2021 年 2 月 1 日到 2021 年 3 月 10 日一共阅读了(　　)页资料。

A.38　　B.390　　C.468　　D.456

6.1980 年 10 月的最后一天是星期五,那么 1980 年的 10 月 1 日是星期(　　)。

A.三　　B.四　　C.五　　D.六

7.丽丽的妈妈是一名“新厦门人”，在这座花园城市默默耕耘建设了十余载。妈妈因工作原因需要到外地出差两个月，丽丽给妈妈准备了两瓶维生素含片，但是妈妈却说不够。你知道丽丽妈妈可能是哪两个月出差的吗？请说明理由。

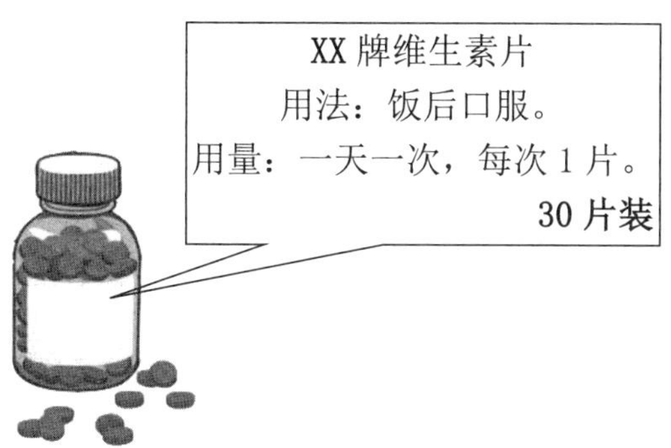

第三站：北京“鸟巢”国家体育馆

时间：2008年8月8日晚上8:00

事件：第29届夏季奥运会开幕式，展示了中华民族的风采。

8.北京奥运会的开幕式开始的时间是晚上8:00，预计在23:30结束，这整个过程持续了(　　)小时(　　)分钟。

9.北京奥运会正式比赛项目从2008年8月6日开始，于2008年8月24日结束并举行闭幕式，共历时(　　)天。

10.8 月 10 日晚上 8:00,从法国远道而来的运动员乔治给巴黎家中的妈妈打电话,北京时间比巴黎时间快了 6 个小时,则乔治妈妈在巴黎时间(　　)月(　　)日(　　)时(　　)分接的电话。

11.乐乐是个小小体育迷,下面是他了解到的奥运会期间部分比赛项目时间表:

比赛项目	**比赛时间**	
	12 时计时法	**24 时计时法**
男子游泳预赛	上午 10:00	
男子跳水预赛	下午 2:30	
女子击剑预赛		19:00
男子篮球预赛		20:00

(1)请你运用学过的知识帮乐乐将表格补充完整。

(2)女子击剑预赛项目预计历时 1 小时 50 分,那么该项目约在什么时间结束?

(3)王叔叔的家距离水立方游泳馆约 3 千米,王叔叔骑自行车平均每秒钟行 5 米,那么王叔叔需要在什么时间前出发才能在男子跳水预赛项目开始前到达场馆?

第四站:厦门地铁 2 号线

时间:2019 年 12 月 25 日上午 8:30

事件:厦门地铁 2 号线正式开通,步入“双地铁”时代。

12.某一年的 3 月中有 5 个星期日,则这个月的 1 日不可能是(　　)。

A.星期五　　B 星期六　　C.星期日　　D.星期一

13.乐乐、明明和丽丽三人打算利用周末时间乘坐地铁 2 号线到观音山沙滩游玩,感受轨道交通带来的便利,用实际行动支持低碳出行,保护环境。

(1)出发前乐乐了解到厦门地铁 2 号线首班车从上午 6:30 发车,末班车到 23:40 停止运行,这样算下来地铁每天的运营时长是(　　)小时(　　)分钟。

(2)乐乐三人在新阳大道站乘坐地铁 2 号线,历经大约 46 分钟后到达观音山站,此时他看到的时间是 10:25,那么他们可能在(　　)上车。

A.10:00　　B.11:11　　C.21:39　　D.9:38

(3)地铁上,乐乐和丽丽聊起他们的生日,你能说一说他们的生日各是什么时候吗?

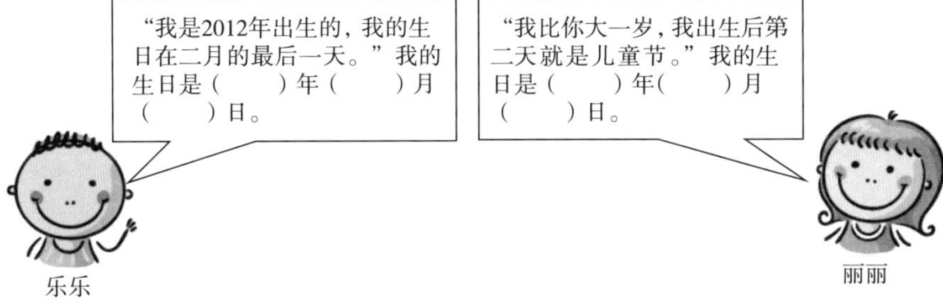

14. 地铁 1 号线途经的厦门市园林博览苑，是一座著名的国家级园林公园，里面不仅有各种各样的花草树木，夜晚还有美丽的灯光展，是小朋友们周末特别爱去游玩的地方。下面是园博苑中华教育岛的标志性建筑——月光环的灯光秀展示时间表。

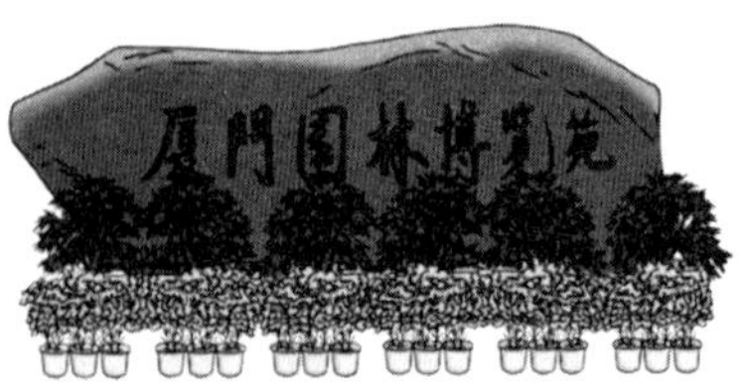

灯光秀运行时间	主灯显示系统	辅助形灯系统
夏令时(6—9 月)	18:30-22:00	18:30-22:30
冬令时(10 月—次年 5 月)	18:00-21:00	18:00-21:30

注：星期一、星期二主灯显示系统关闭检修(法定节假日除外)。

(1)暑假晚上，乐乐经常会和妈妈到园博苑散步，某天当他们开始散步时，发现月光环的主灯已经点亮了，当他们散步完准备离开时，主灯还没熄灭，他们可能散步了多长时间呢？请尝试用自己喜欢的方式表达想法。

(2)2020 年的 12 月 1 日是星期二，则整个 12 月月光环主灯一共运行了多少个小时？

(3)请你提出一个数学问题，并解答。

数学阅读小剧场:

你知道吗?

年、月、日其实是人类在发展中人为地对时间这一现象进行"编码"。一年是地球绕太阳公转一周的时间,但是一年不是刚好365天,而是大约365天5时48分46秒,所以平年按365天计算,每4年少了4个5小时48分46秒,等于23小时15分4秒,比一天的时间少一点,接近一天,所以每4年就加一天,因此,每四年要规定一个闰年。虽然把23小时15分4秒算作一天只差44分56秒,差不了多少,但是如果过了400年,积少成多,相当于多算了3天,因此就应当在这400年中减少3天。"四年一闰、百年不闰、四百年又闰"讲的就是这个道理。

最初古人观察到两次满月之间大约会隔30天,于是将30天算作一个月,一个月也就是月亮绕地球一周的时间,一年看到12次满月,所以一年有12个月。同样地,根据地球自转的规律,人们算出一天大约是23小时56分4秒。为了方便计算及人们的出行和生活方便,科学界就人为地统一规定一天为24小时。科学本质上一天就是地球本身自转一周的时间。

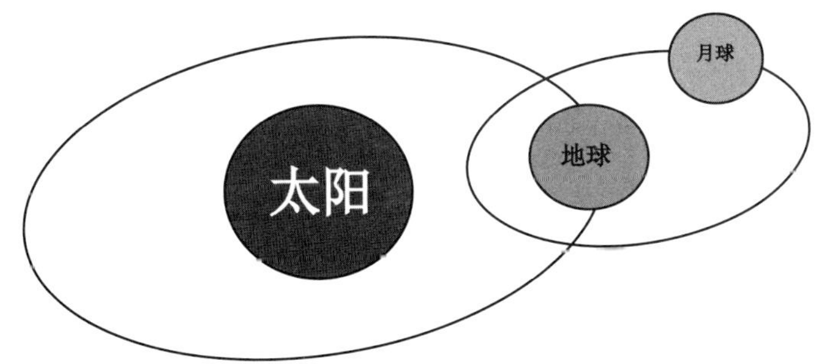

1月	2月	3月	4月	5月	6月	7月	8月	9月	10月	11月	12月
31天	28天	31天	30天	31天	30天	31天	31天	30天	31天	30天	31天

(闰年的2月为29天)

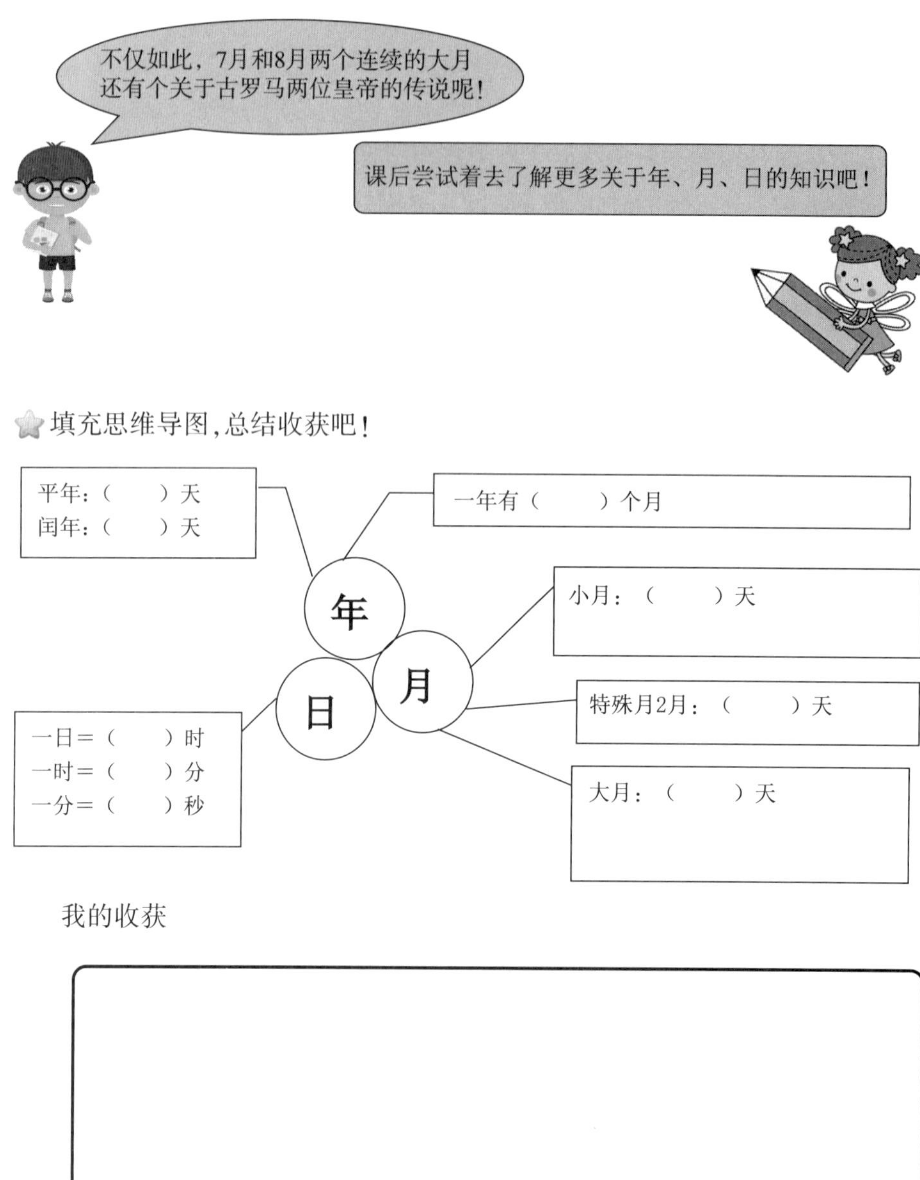
不仅如此，7月和8月两个连续的大月
还有个关于古罗马两位皇帝的传说呢！
课后尝试着去了解更多关于年、月、日的知识吧！
填充思维导图，总结收获吧！
平年：（　　）天
闰年：（　　）天
一年有（　　）个月
年
小月：（　　）天
月
特殊月2月：（　　）天
日
一日＝（　　）时
一时＝（　　）分
一分＝（　　）秒
大月：（　　）天
我的收获

☆完成了这份作业,评价一下自己吧!

自主思考	☆☆☆☆☆
合作交流	☆☆☆☆☆
完成情况	☆☆☆☆☆

《年、月、日》单元作业参考答案

1. 1949　10　1　10　1　略

2. 香港特别行政区回归祖国：1997 年 7 月 1 日

北京申奥成功：2001 年 7 月 13 日

我国的教师节：每年的 9 月 10 日

中国共产党建党 100 周年：2021 年 7 月 23 日

3. 略　4. C　5. D　6. A

7. 以月份天数进行说理，当连续的两个月天数之和大于 60 时即符合题意。例如 3 月和 4 月，4 月和 5 月，5 月和 6 月，7 月和 8 月，12 月和来年 1 月等。说明理由，言之有理即可。

8. 3　30

9. 19

10. 8　10　14　00

11.（1）10:00　14:30

晚上 7 时　晚上 8 时

（2）20:50 或晚上 8 时 50 分

（3）14:20 或下午 2:20 分

12. D

13.（1）17　10

（2）D

（3）乐乐：2012 年 2 月 29 日

丽丽：2011 年 5 月 31 日

14.（1）主灯运行时间为：22:00－18:30＝3 小时 30 分。答案小于 3 小时 30 分均正确。

（2）31－9＝22（天）　21:00－18:00＝3 小时　22×3＝66 小时

（3）略，答案不唯一。

03 让英语作业成为“寻宝之旅”

——人教版(PEP)小学《英语》(三年级起点)五年级上册 Unit 5 There is a big bed“单元作业”设计

厦门市海沧区天心岛小学 陈悠然

◆单元名称

人教版PEP小学《英语》(三年级起点)五年级上册Unit 5 There is a big bed.

◆单元学习内容与前后联系

本单元是五年级上册第五单元,单元学习的主题是家居陈设及其位置。在本单元学习中,学生将首次正式学习用There be...句式描述家具陈设等的位置,也为即将学习的第六单元用一般疑问句询问物品位置做了铺垫。

◆单元教材简述与教学思路

在本单元的教学中,老师可以“Home”为主线,带领孩子参观张鹏家的小卧室、麦克家的大客厅,最后在故事中陪伴小小易拉罐踏上回“家”之路。参观的过程中,孩子在真实自然的情境中学习家具陈设的新词汇,并用句式进行描述与介绍,学会用英语做事情,从而提高语言综合运用能力。

◆单元重难点突破与作业设计构想

一、单元重难点与单元目标分析

（一）教材分析

1.分析教材结构（表 1）

表 1 单元教材结构

<table>
<tr><th>项目</th><th colspan="3">内容</th></tr>
<tr><td>主题语境</td><td colspan="3">☑人与社会 □人与自然
（单元话题Furnishings and their positions ）</td></tr>
<tr><td>功能</td><td colspan="3">☑交往 □感情 □态度
（单元功能描述、介绍）</td></tr>
<tr><td>育人价值</td><td colspan="3">初步形成美化生活环境的文化意识；
了解垃圾分类、废物循环利用的知识，增强环保意识。</td></tr>
<tr><td rowspan="12">教材板块定位</td><td rowspan="6">核心板块</td><td>Part A Let's talk</td><td>核心句型：There is a…in/on…</td></tr>
<tr><td>Part A Let's learn</td><td>核心词汇：clock, plant, bottle, water bottle, bike, photo</td></tr>
<tr><td>Let's spell</td><td>字母组合 ai, ay 的发音</td></tr>
<tr><td>Part B Let's talk</td><td>核心句型：There are…in/on…</td></tr>
<tr><td>Part B Let's learn</td><td>核心词汇：in front of, beside, between, behind, above</td></tr>
<tr><td>Read and write</td><td>阅读：What's in the old house?</td></tr>
<tr><td rowspan="3">次核心板块</td><td>Let's try</td><td>导入，听音练习</td></tr>
<tr><td>Find and say</td><td>看图，说一说：There is a…in/on/under/near…
There are…in/on/under/near…</td></tr>
<tr><td>Story Time</td><td>故事：Poor can's way home.</td></tr>
<tr><td rowspan="3">辅助板块</td><td>Let's play</td><td>操练：There is a…in/on/under/near…</td></tr>
<tr><td>Let's check</td><td>练习：Listen and tick, Listen and write.</td></tr>
<tr><td>Let's wrap it up</td><td>练习：Match and complete the sentences.</td></tr>
</table>

2.厘清内容要求(表2)

表2 单元内容要求

学习内容			学习水平			教学要求
			知道(A)	理解(B)	运用(C)	
语音	自然拼读	能够掌握字母组合ai/ay在单词中的常见发音/ei/			√	能够掌握字母组合ai/ay在单词中的常见发音/ei/,并根据其发音规则拼写单词
	朗读	基本句式的朗读语调	√			用正确的降调朗读基本句式
词汇	核心词汇	clock, plant, bottle, water bottle, bike, photo, in front of, between, above, beside, behind			√	背记、理解和运用核心词汇
词法	动词种类	介词的用法	√			了解常见介词的用法
句法	陈述句	There is a…in/on… There are…in/on…			√	能够在情景中运用句型There is a…/There are…描述某处有某物;能够在教师帮助下总结there be结构与名词单复数的搭配规律,并正确运用这一结构
语篇	记叙文	基本信息	√			简单讲述对话、故事中的时间、地点、人物、事件等
		基本结构		√		描述人或物; 阐明事件的起因、过程和结果

(二)学情分析

本次的教学对象是五年级的学生,按照“册次单元”“已积累的语言知识”“已形成的语言能力”作了如表3的梳理和罗列:

表 3 学情分析

项目	册次单元	学习内容与教学要求
已知	Book 2 Unit 4 Where is my car?	in, on, under Where is my car? It's in/on/under the… 用特殊疑问句来询问物品的位置并回答
	Book 3 Unit 4 My home	living room, study, bedroom, bathroom, kitchen Where is my cat? Is it in the living room…? Yes, it is. / No, it isn't. 用一般疑问句询问物品所在地点并回答
应知	Book 5 Unit 5 There is a big bed.	clock, plant, bottle, water bottle, bike, photo, in front of, beside, between, behind, above There is a…in/on…There are…in/on… 用 There be 句型描述家具物品的位置

(三)单元目标

● 知识与技能

词汇:

1.能够应用、写出五个家居物品类的单词和词组:bike, clock, photo, water bottle, plant(学习水平为 C);

2.能够说出、辨认、抄写五个表示相对位置关系的介词和介词词组:beside, between, behind, above, in front of(学习水平为 A);

3.能够正确使用上述有关家居物品和相对位置关系的单词和词组,并能简单介绍自己的房间(学习水平为 C)。

句型:

1.能够理解对话大意,按照正确的意群及语音、语调朗读对话,并进行角色扮演;

2.能够使用句型:There is a… in/on/… 和 There are… in/on/…(学习水平为 C);

3.能在情境中使用句型 There is… /There are …描述某处有某物(学习水平为 C);

4.能够听懂 Mr Jones 写给 Robin 的电子邮件内容,按照正确的意群及语音、语调朗读邮件,并完成读后活动;

5.能够使用核心句型写出三个句子,描述自己房间内的物品。

语音:

1.能够朗读字母组合 ai/ay 在单词中的常见发音/ei/;

2.能够辨认符合 ai/ay 发音规则的单词,并根据 ai/ay 的发音规则拼写出单词;

3.能够在单线上书写句子的活动,做到书写规范。

• 文化与情感

1.能够养成及时整理个人物品的习惯;

2.了解垃圾分类、废物循环利用的知识,增强环保意识。

• 学习策略

1.能在课堂学习中,通过倾听、模仿、阅读、思考及小组合作等方式,完成学习任务。

二、单元作业编制说明

单元作业指为完成单元学习任务而进行的,具有明确指向性的系列化思维和实践活动。英语单元作业设计必须遵循学科特点,既有作业的一般特征,又体现英语的学科特点和单元特点。基于单元作业设计的一致性、分层性、多样性原则,特设计人教版 PEP 小学《英语》(三年级起点)五年级上册 Unit 5 There is a big bed 单元作业,力求促进学生对本单元语言知识和技能的发展,加强思维能力及学习能力,提升人文素养。

本单元作业适合一级达标校五年级学生使用。作业分为 Part A(涵盖教材 Part A Let's talk, Let's learn, Let's spell 版块内容), Part B(Part B Let's talk, Let's learn, Read and write, Part C Story Time 版块内容), Part C(单元综合巩固提升练习),Challenge(单元分层实践类个性化作业)及 Reading for pleasure(单元拓展趣味阅读)五个部分,如表 4 所示:

表 4 单元作业编制

作业部分	作业层级	作业指向内容	作业目标	完成时间
A	基础型练习	Part A Let's talk, Let's learn, Let's spell	巩固复习单元学习第一至第三课时知识	15 分钟
B	提高型练习	Part B Let's talk, Let's learn, Read and write, Part C Story Time	巩固复习单元学习第四、第五课时知识	20 分钟
C	综合拓展型练习	单元综合巩固提升练习	巩固复习整个单元知识,提升能力,综合应用	30 分钟
Challenge	分层实践类个性化作业	单元分层实践类个性化作业	长时作业,在本单元第一课时向学生提出,给他们一个单元的学习时间准备,单元结束后自主完成	15~20 分钟
Reading for Pleasure	单元拓展趣味阅读	单元拓展趣味阅读	在单元学习之后补充,引导学生拓宽视野、提升文化素养	10~15 分钟

作业编制特点如下:

1.指向目标,夯实基础,培育素养

作业是课堂学习的延伸。单元作业必须与单元教学内容保持一致,它的起点是夯实学生的学习基础。但是,在促进学生语言知识学习、语言技能发展的前提下,不能忽视其他英语学科素养的培育。在设计作业时,应考虑是否能在完成作业的过程中培养学生的逻辑思维、批判思维、创新思维能力;是否可以通过作业渗透一些情感态度、文化知识,锻造学生正确的情感态度价值观,培育其文化品格。

在单元作业的最后一项 Reading for pleasure 中,教师提供了垃圾分类知识的趣味拓展阅读。学生在阅读短文的过程中可以了解更多废物循环利用的知识,增强环保意识。阅读后,学生还可以扫二维码,观看教师精心剪辑的微课视频了解更多易拉罐回收利用的知识,并了解制作易拉罐手工的方法。而后,教师在班级举办 Can's show time 活动,给学生提供舞台,展示各式各样的废物利用手工作品。这样环环相扣的设计让孩子们自然而然地学习环保知识并切实参与到环保行动中来,收获成功的快乐。

本单元作业图文并茂,调动学生多重感官,利用多种途径让学生在完成作业的过程中积极思考,加强思维品质的发展。本单元作业很多题目能让学生从多个维度调动认知,培养其比较、推理、判断、分析、综合等能力,如单元作业 Part C 选词填空题:

IV. Look, read and choose.看一看，根据图片内容，选词填空。

in front of　beside　behind　on　in　under above

Look. Olivia is under the big tree. She's playing the pipa. What can you see in the tree? There are some birds. Near Olivia, there is a table. You can see some flowers 1._________ the table. There are two balls 2._________ the table. There is a bag 3. _________ the balls. The chair is 4.[CD#3] the table. Can you see a cat? Yes, it's 5._________ the basket. Oh, there is a dog too. But you can't see it because it's 6._________ the tree!

本题主要检测学生对本单元重点知识方位介词的运用。学生需要根据图片信息选择正确的介词进行填空。语段最后一行写道：Oh, there is a dog, too. But you can't see it because it's ________ the tree! 图片中没有出现小狗，学生需要通过思考、推理——原来小狗在树的背后，最终写出正确答案——behind。由此培养学生思维的灵活性。

2.立足单元，互有关联，层层递进

单元作业不同于单独某个课时的作业，它不应该是一个个孤立的个体。设计作业时应该立足单元整体，各个课时的作业互有关联，学习水平、任务层层递进。可以看到，本单元作业 A, B, C 三个部分的最后综合任务分别是：口头介绍房间中的物品（指定的卧室）、书面写一写客厅中的物品及位置（指定的客厅）、个性化选择方式自主介绍客厅或卧室（自己真实的或者理想中的客厅或卧室）。三项任务紧密联系（表 5），学习水平不断提升。

表 5　学习任务关联

作业部分	作业层级	作业内容	作业目标
A	基础型练习	口头介绍卧室中的物品	根据所给信息，使用核心句型复述
B	提高型练习	写一写客厅中物品及位置	根据所给信息，使用核心句型写话
C	拓展型练习	个性化选择方式介绍卧室或客厅	在实际生活中运用所学语言完整表达

3.贴近生活，多元情境，激趣促思

朱浦老师曾说，越是贴近学生生活、越真实的学习活动越能激发学生的学习兴趣，提高学习的有效性。单元作业的设计应该从学生的角度出发，考虑他们的独特生活经历、性格特征和已有的知识储备，找到作业与生活的链接点，创设基于单元话题的多元情境，让完成作业的过程不再枯燥无聊，而变成一段探究未知、感受乐趣、迁移应用知识的过程，让学生带着期待走进作业，带着思考走向生活。如 Part C 读写部分第三大题：

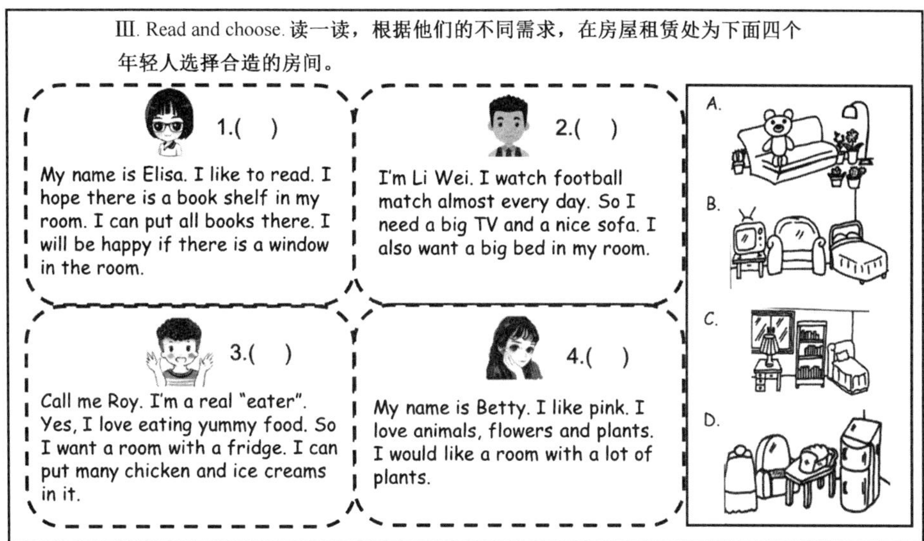

本单元话题为“房间家居及其陈设”。该项作业题目创设房屋租赁处的生活情境，请学生帮助哥哥姐姐寻找合适的公寓，体现了学用结合的理念，拓宽了英语学习的渠道，并且调动了学生解决问题的积极性。为了挑选合适的房间，他们阅读英语段落，提取关键信息并做出判断，潜移默化地提升了观察、分析、对比的能力。

又如 Part C 读写部分第二大题：

Ⅱ. Read and choose. 读对话，选择合适句子补全对话，将序号填入横线。(原创)

Jessica has her own room now. She and her friend Ian are talking with each other on the Wechat（微信）.

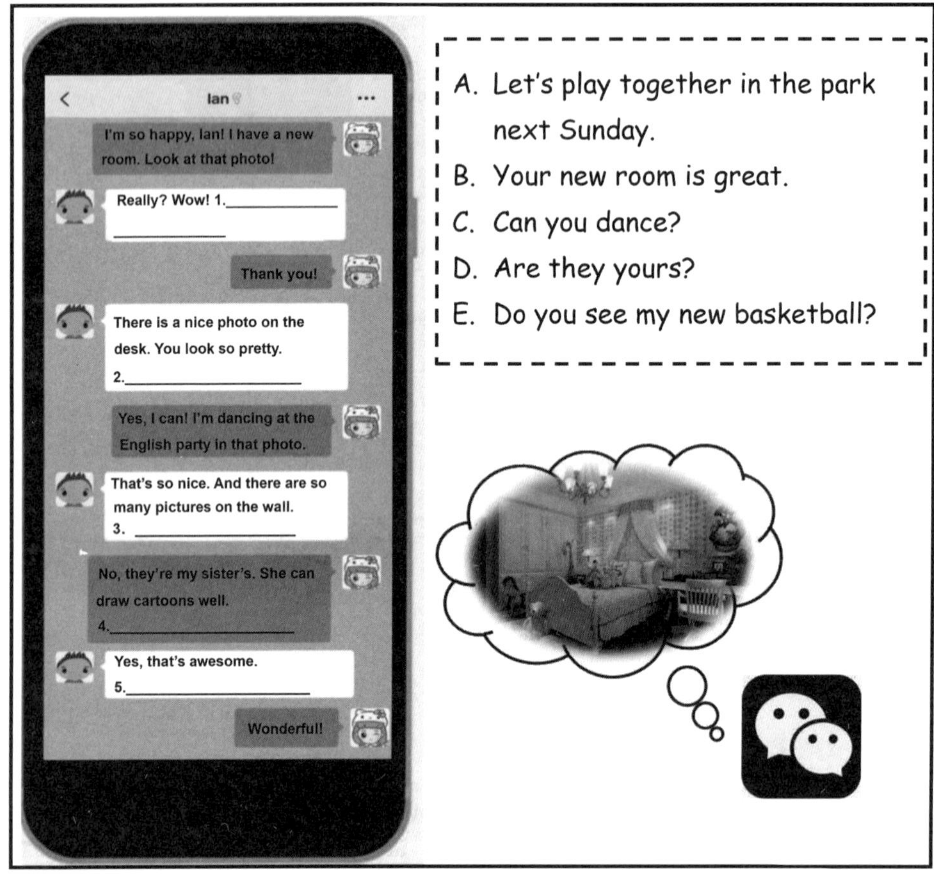

微信是学生生活中常见的手机通信软件。教师利用微信聊天情境编制情境交际题，融入本单元核心语言知识，体现了英语课程的实践性和应用性，引导学生在贴近生活的真实情境中接触、感受、理解并且运用语言，进行有效的知识迁移及真实问题的解决，激发学习兴趣，提高学生的综合语言运用能力。

4.基于学情，平衡难易，分层设计

学生在年龄、性格、认知方式、生活环境等方面存在差异，具有不同的学习需求和学习特点，只有最大限度满足个体需求，才能获得最大化的整体教学效益。因此，单元作业应面向全体学生，分层设计。

如 Challenge 部分的作业。这是一项个性化作业，学生可以在画画、录音、拍照、拍视频中自由选择适合自己的方式，既可以介绍自己理想中的房间，也可以介绍自己现实中的房间。学生充分利用身边的资源和设备，利用各类信息软件发挥创意。在作业完成后，还可以将他们的作品上传到学校微信公众号等，与师生家长共同分享，使孩子们获得更多成功的快乐。

◆“教-学-评”一致性分析

作业是英语教学中的重要环节，是课堂教学的有效补充与衍生。作业内容反映教学内容，单元作业须与单元教学内容在教学目标、教学重难点等方面保持一致，才能切实帮助学生在课堂结束后持续深度学习。教师首先应基于单元教学目标整体设计单元作业目标。本单元作业借助“单元作业目标制定属性表”制定单元作业目标，确保单元作业目标不偏离单元教学内容，并在夯实学生语言知识、语言技能的同时，关注作业设计中思维品质和文化素养等的渗透。

评价是深度学习中不可或缺的重要环节。一份好的单元作业应发挥良好的过程性评价的作用，使教师和学生均能通过作业的情况了解学习达成情况。在本单元的单元作业设计中，教师巧妙地采用 Treasure Hunt 藏宝图的方式呈现整体的评价方案，在单元作业的首页和末页首尾呼应。翻开单元作业，首先映入眼帘的藏宝图将调动学生的学习积极性，唤起他们的好奇心，并帮助他们清晰地明了作业的学习目标、评价标准。在完成单元作业后，学生通过藏宝勋章图反思学习结果，根据自己的真实学习情况有针对性地给自己圈出“勋章”A 或 B，并可以把未尽的疑问和困难写在方框里，寻求老师的帮助。这些“勋章”便是学生自我评价、自我反思的过程，是促进他们学习改进的有效手段。在单元作业的拓展部分，教师设计实践作业的同时，提供了生动具体的评价标准，引导学生在使用规范的语言表达的同时还要关注声音的清晰、响亮，面部表情的生动等，让学生在自主发挥的同时有据可依，充分发挥了单元作业评价的导向作用。

单元作业设计完毕后，笔者还根据作业品质分析属性表中的内容逐条对本单元作业进行分析，可以发现作业内容和单元教学目标保持一致，并能针对教学重难点进行设计。作业的类型较为丰富，涵盖了听说读写的各个方面，促进学生多项语言技能的发展。作业涉及的学习水平维度中，理解性作业占了绝大部分，记忆类的作业较少。为了兼顾学习薄弱生的学习情况，可适当增加记忆类作业的比重。从作业完成时间来看，预设的课时作业完成时间均在 10～30 分钟范围内，对于小学五年级学生来说不至于学业负担过重。

◆作业效果说明及教学建议

本单元作业充分考虑单元教学内容以及学生的实际学情，努力发挥作业在促进学生复习巩固、技能发展、思维培养、素养提升、激发兴趣以及过程性评价等多方面的作用，基于单元，整体设计作业目标，科学编排作业内容，反思优化作业设计，在实践中效果良好。

单元作业是单元整体教学中重要的一环，也是学生课后学习的起点。教师唯有深入挖掘单元内容的内在联系，从整体的角度出发进行单元作业设计，关注作业任务的递进性和真实性，有机补充课程资源并及时反思优化作业设计，才能切实提高小学英语单元作业的有效性，让学生在完成单元作业的过程中真正实现深度学习，扎实基础，提升素养。

◆单元作业设计

一、单元作业目标

单元作业目标判定及品质分析如表 6、表 7 所示。

表 6　单元作业目标制定属性表

项目	内容	
学习内容	教材单元：Unit 5 There is a big bed.	教材栏目： Part A Let's talk, Let's learn, Let's spell; Part B Let's talk, B Let's learn, Read and write; Part C Story Time

续表

项目	内容	
确定单元作业目标	单元教学目标	知识与技能: 1.能够应用、写出五个家居物品类的单词和词组:bike, clock, photo, water bottle, plant; 2.能够说出、辨认、抄写五个表示相对位置关系的介词和介词词组:beside, between, behind, above, in front of; 3.能够正确使用上述有关家居物品和相对位置关系的单词和词组,并能简单介绍自己的房间; 4.能够理解对话大意,按照正确的意群及语音、语调朗读对话,并进行角色扮演; 5.能够使用句型:There is a… in/on/… 和 There are… in/on/…; 6.能在情境中使用句型 There is…/There are …描述某处有某物; 7.能够使用核心句型 There is…/There are…写出至少三个句子,描述自己房间内的物品; 8.能够朗读字母组合 ai/ay 在单词中的常见发音/ei/ ,能够辨认符合 ai/ay 发音规则的单词,并根据 ai/ay 的发音规则拼写出单词。 文化与情感: 1.能够养成及时整理个人物品的习惯; 2.了解垃圾分类、废物循环利用的知识,增强环保意识。
	单元作业目标	1.通过作业活动,复习巩固所学词汇,能够应用、写出五个家居物品类的单词和词组:bike, clock, photo, water bottle, plant,能够说出、辨认、抄写五个表示相对位置关系的介词和介词词组:beside, between, behind, above, in front of; 2.通过作业活动,复习巩固所学句型,能够使用 There is a… in/on/…和 There are… in/on/…句型,能在情境中使用句型 There is… /There are...描述某处有某物,能够使用核心句型 There is…/There are…写出至少三个句子,描述自己房间内的物品; 3.复习巩固字母组合 ai/ay 在单词中的常见发音; 4.通过趣味拓展阅读,了解更多垃圾分类、废物循环利用的知识,增强环保意识。

表 7 单元作业品质分析属性表

作业项目	对应目标序号	类型							完成方式		时间
		形式				水平			独立	合作	分钟
		听	说	读	写	记忆	理解	应用			
Part A	1、3	√	√	√	√	√	√	√	√		15
Part B	1、2	√		√	√	√	√	√	√		20
Part C	1、2	√		√	√	√	√	√	√		30
Challenge	1、2		√		√			√	√		15~20
Reading for pleasure	4			√			√		√		10~15

二、单元作业设计

同学们，你们好！你们准备好本单元的寻宝之旅了吗？请拿着这张寻宝图开始去金银岛寻宝吧！

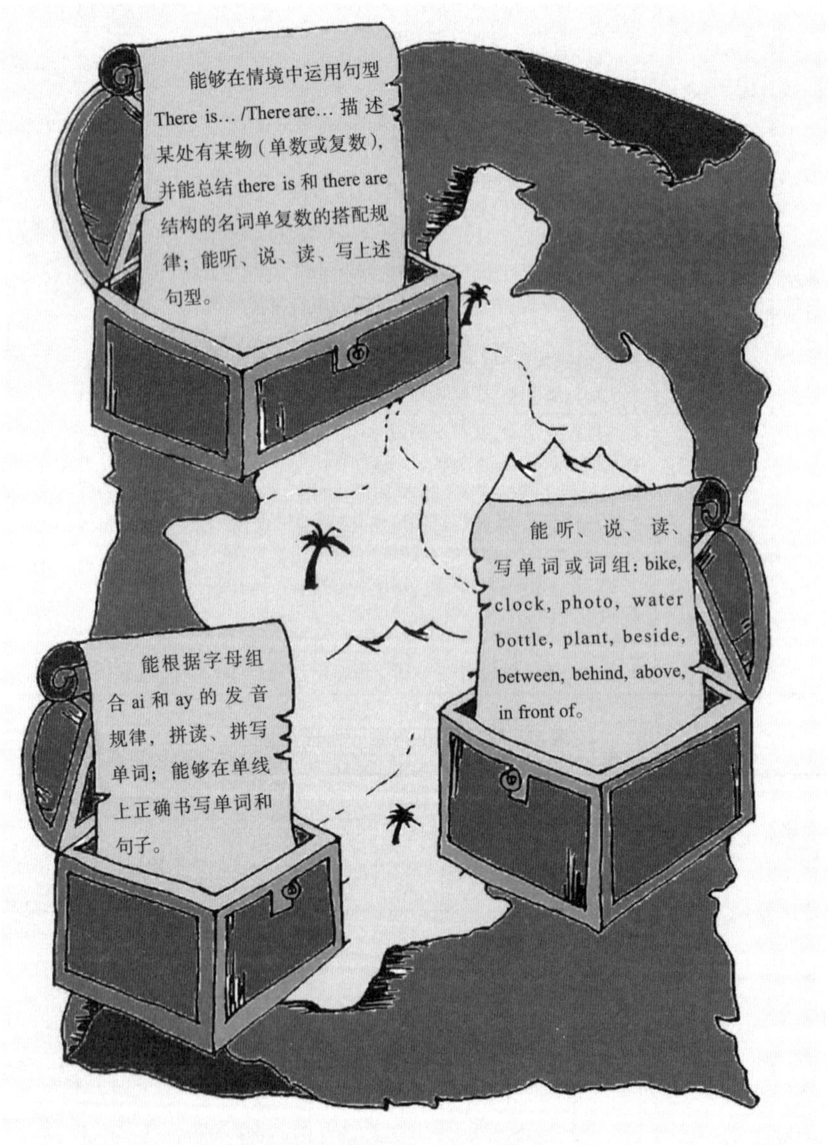

I.Listen, number and match. 听句子,给下列的单词用 1~5 的数字标序号,序号写在单词前的圆圈里,并把单词和相应的图片连线。(改编)

○clock ○photo ○plant ○bike ○water bottle

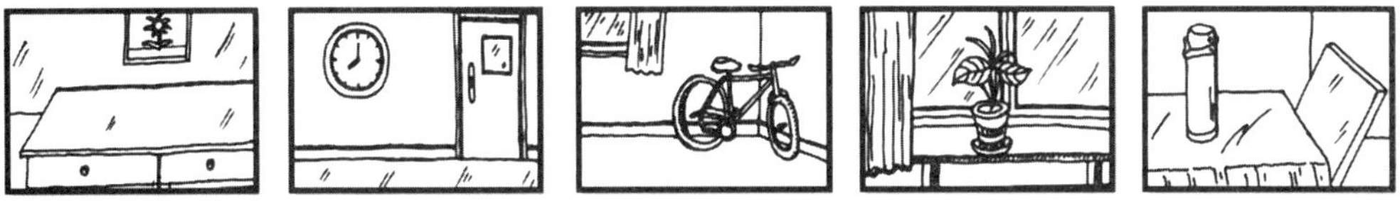

II.Listen and choose. 听句子,选择你听到的单词。(原创)

1.(　　) A. bottle　B. bag　C. bike

2.(　　) A. plant　B. photo　C. plate

3.(　　) A. rain　B. room　C. train

4.(　　) A. clock　B. cloud　C. cook

5.(　　) A. bike　B. bag　C. bed

III. Look, listen and write. 观察图片,听句子,把你听到的对应单词写在横线上。(原创)

1.　2.　3.　4.

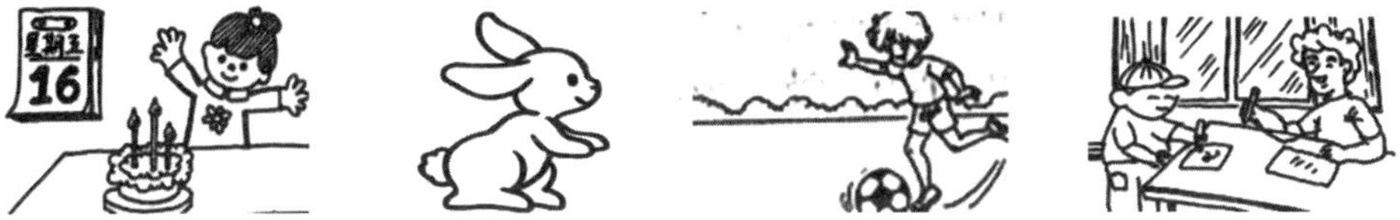

1.My ________ is on ________.

2.Look at the rabbit. It has long ears and a short ________.

3.I can ________ football well.

4.It's ________. Let's ________ in the room.

Reading & Writing

Hi! My name is Mica.
I have a new house.
Do you want to have a look?
Let's go!

I. Read and finish the tasks. 兔子 Mica 刚刚搬进新房子，快来看看吧。请阅读短文，按题目要求完成任务。（原创）

I'm Mica, a little rabbit. I just moved into（搬进）a new house. The room is so big. I can see many things. There is a plant near the door. Some potatoes are on the table. I jump on the table and eat them. They are delicious. There is a photo on the wall. There is a tiger in the photo. He smiles at me. Oh, I don't like him. There is a clock near the table. There is a toy tiger next to the table. Oh, no! It's a real（真正的）tiger! Oh, my god! He smiles, "Let's play, my friend!" He is a friendly tiger! I like my new house.

1.请按照 Mica 进屋看到的东西的先后顺序，用 1 ~ 5 的数字为下列物品排序。

2. Mica 的新屋里有许多东西。请看图,在横线上写出物品的名称。

__________　__________　__________　__________　__________

I. Try to introduce. 试着用几句话介绍一下 Mica 的新家。(原创)

Mica's room is really nice.
There is a ...
There is a ...

sofa, bike, photo, clock, plant, water bottle, photos, window, door...

扫一扫
听录音

I. Listen and choose. 听句子，选择和录音内容相符的图片。(改编)

II. Listen and judge. 听句子，判断录音内容和图片是否相符，相符的打“√”，不相符的画“×”。(原创)

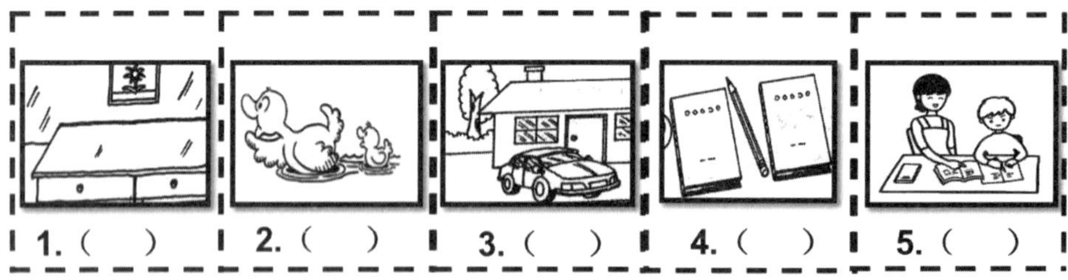

III. Listen and match. 听短文,将物品的序号写在相应位置的圆圈里。(原创)

I. Read and finish the tasks. 请参观小狗 Fifi 的家。阅读短文,按题目要求完成任务。(原创)

Hi! I'm Fifi. Welcome to my home! This is the living room.

There is a big TV, a sofa and a table here. There is a chair, too. I have a big shelf (书橱).There are many books on the shelf. I often read them at weekends. There are two toy bears on the sofa. They are very cute. There are three plants in my living room. There is a bike between the table and the sofa. There is a photo on the wall. The chair is behind the table. Where is my friend Kiki? Oh,he's under the table now. He's a very friendly little mouse. I love my living room.

1.请观察图片,选择正确的选项________

A.

B.

2.读一读,判断正“T”或误“F”。

(1)There is a shelf beside the TV. (　　)

(2)There are two plants in Fifi's living room. (　　)

(3)There are two bears above the sofa. (　　)

(4)Where is Kiki? He's under the table. (　　)

(5)You can read books in Fifi's living room, but you can't watch TV. (　　)

I. Look and write. 观察小老鼠 Kiki 家的客厅,写几句话试着介绍一下。(原创)

This is the living room.

There is________________.

There are________________.

____

________________________.

扫一扫 听录音

I. Look, listen and judge. 听句子,根据图片内容判断句子正误,正确的打“√”,错误的画“×”。(原创)

1.______ 2. ______ 3. ______ 4. ______ 5. ______

II. Look, listen and write. 听对话,并根据图片位置将单词写在相应的横线上。(原创)

Reading & Writing

I. Read and choose. 读句子，选择正确的图片。（改编）

(　　) 1. Where is my bottle?

A. 　B.

(　　) 2. There is a bike between two trees.

A. 　B.

(　　) 3. The room is so dirty.

A. 　B.

(　　) 4. There are a lot of plants in the room.

A. 　B.

(　　) 5. I see a dog behind the door.

A. 　B.

(　　) 6. There are pencils everywhere.

A. 　B.

II. Read and choose. 读对话，选择合适句子补全对话，将序号填入横线。（原创）

Jessica has her own room now. She and her friend Ian are talking with each other on the Wechat（微信）.

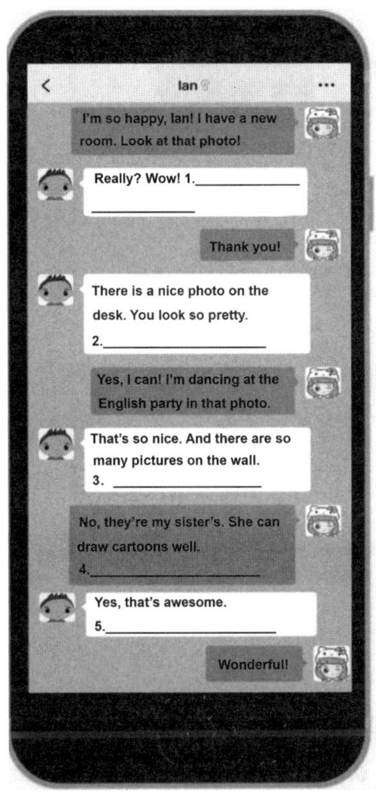

A. Let's play together in the park next Sunday.
B. Your new room is great.
C. Can you dance?
D. Are they yours?
E. Do you see my new basketball?

III. Read and choose. 读一读，根据他们的不同需求，在房屋租赁处为下面四个年轻人选择合适的房间。(原创)

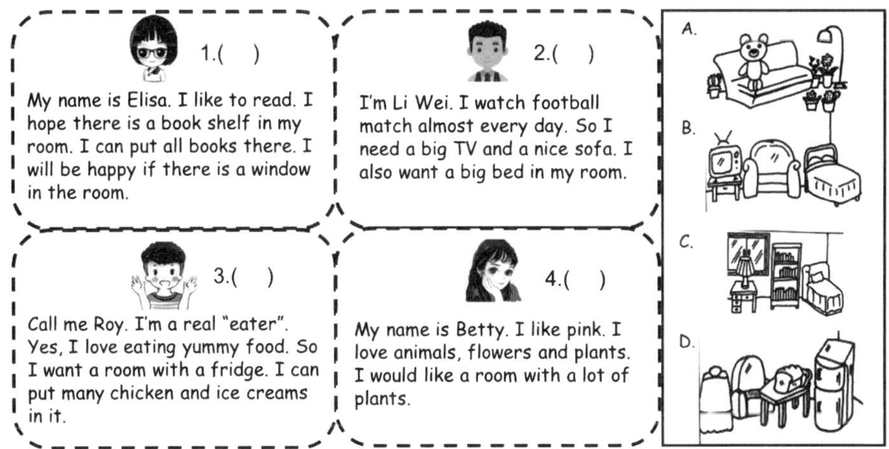

Ⅳ. Look, read and choose. 看一看，根据图片内容，选词填空。(原创)

in front of	beside	behind	on	in	under	above

Look. Olivia is under the big tree. She's playing the pipa. What can you see in the tree? There are some birds. Near Olivia, there is a table. You can see some flowers 1. ______ the table. There are two balls 2. ______ the table. There is a bag 3. ______ the balls. The chair is 4. ______ the table. Can you see a cat? Yes, it's 5. ______ the basket. Oh, there is a dog too. But you can't see it because it's 6. ______ the tree!

Challenge

My room

Please try to introduce your real room or your dream room. You can choose a task from A, B or C.

Task A

1. Draw a picture of your dream room.

2. Introduce it according to the picture. Record and upload it.

画下你梦想中的房间。

根据你的画作介绍这个房间，录音并且上传和大家一起分享吧！

Task B

1. Take some photos of your bedroom or your living room.

2. Write about your bedroom or your living room.

给你家的客厅或者你的房间拍一些照片。

根据照片，写一段话来介绍房间或者客厅。

Task C

Make a video and introduce your bedroom or living room.

边介绍你的房间或客厅，边录像。
和大家一起分享这段录像。

Please send your homework to: cyoyo916@163.com.

I think I can get ____ ☆

Task A

画面具体、生动、有涂色。☆

介绍时面带微笑、声音清晰响亮。☆

介绍有开始句，如：Welcome to my room./Look, my room is so nice. 有结尾句，如 Do you like my room?/Please come to my home. ☆☆

能规范地使用There is … /There are … 句型进行介绍。☆☆☆

Task B

照片画面清晰、能体现房间细节。☆

段落格式规范，书写工整。☆

介绍有开始句，如：Welcome to my room./Look, my room is so nice. 有结尾句，如 Do you like my room?/Please come to my home. ☆☆

能规范地使用There is … /There are … 句型进行介绍。☆☆☆

Task C

录像画面清晰、能体现房间细节。☆

录像中声音清晰、语音标准。☆

介绍有开始句，如：Welcome to my room./Look, my room is so nice. 有结尾句，如 Do you like my room?/Please come to my home. ☆☆

能规范地使用There is … /There are … 句型进行介绍。☆☆☆

Take care of your trash

Sometimes it feels like there's nothing we can do to protect our planet. But you can make a difference by sorting (分类) your waste.

When your pen is broken, the battery (电池) in your toy runs out, or you have some leftover (剩下的) food, what do you do with these things? You will probably throw them all into one bin. But actually, all of these pieces of trash need to be sorted (分类) separately.

Let's have a look at how to sort waste in Shanghai.

It's now required that people should sort garbage into four categories (类别), namely recyclable (可回收的), harmful, dry and wet waste.

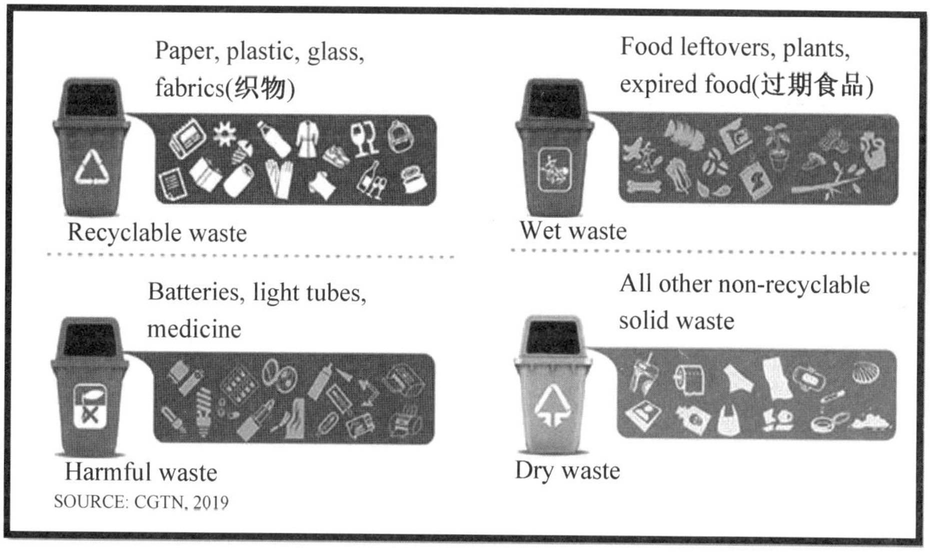

Why is waste sorting important?

If you sort your garbage, you're helping to save energy and protect our environment.

If you don't sort your waste, all of it will go to a landfill (垃圾填埋场) and get buried (填埋) together. There are some kinds of garbage that can pollute (污染) the soil and groundwater (地下水). Other garbage, like the metal parts of pens, should be recycled (回收) and used to make other things.

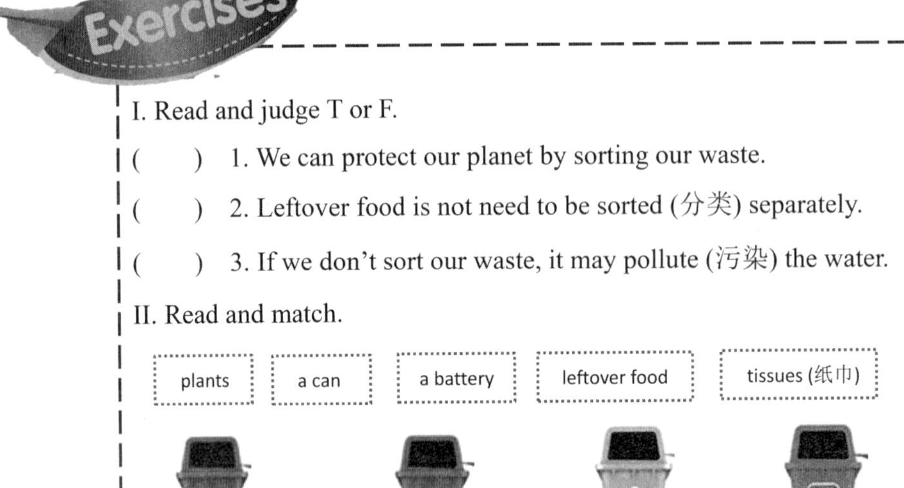

Exercises

I. Read and judge T or F.

( ) 1. We can protect our planet by sorting our waste.

( ) 2. Leftover food is not need to be sorted (分类) separately.

( ) 3. If we don't sort our waste, it may pollute (污染) the water.

II. Read and match.

plants | a can | a battery | leftover food | tissues (纸巾)

Scan the QR code to know more about recycling!

扫一扫，了解更多易拉罐回收知识吧！

同学们,经过探险,你们找到这个单元的宝物了吗?你们学到了什么呢?请把找到的宝物放到你的小船上带走吧!你的这次寻宝之旅顺利吗?如果顺利,请拿走 A 勋章;如果还有困难需要老师的帮助,请把 B 勋章圈起来。继续加油哦!

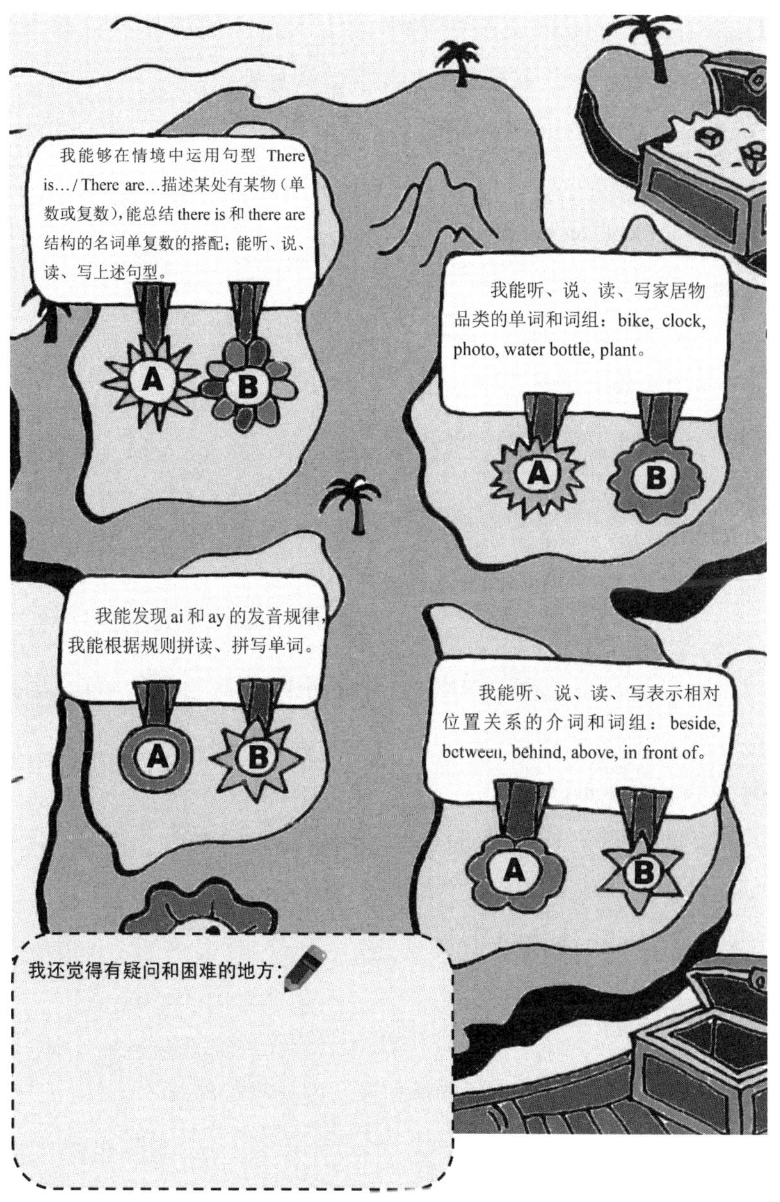

Unit 5 There is a big bed.单元作业听力材料

Part A

I. Listen, number and match. 听句子,给下列的单词用 1 ~ 5 的数字标序号,序号写在单词前的圆圈里,并把单词和相应的图片连线。

1.Your plant is really nice.

2.Look at my new bike.

3.There's a clock on the wall.

4.There is a photo of flowers.

5.I see a water bottle on the table.

II. Listen and choose. 听句子,选择你听到的单词。

1.There is a cool bike in my room.

2.This is our family photo.

3.Welcome to my room.

4.There is a clock on my desk.

5.I have a big bed.

III. Look, listen and write. 观察图片,听句子,把你听到的对应单词写在横线上。

1.My birthday is on Friday.

2.Look at the rabbit. It has long ears and a short tail.

3.I can play football well.

4.It's rainy. Let's paint in the room.

Part B

I. Listen and choose. 听句子,选择和录音内容相符的图片。

1.The schoolbag is under the desk.

2.There is a ball between two dogs.

3.I see a beautiful garden.

4.Look! There's a mouse in front of the computer!

5.The cat is beside the house.

6.The little bird is flying above the tree.

II. Listen and judge. 听句子,判断录音和图片是否相符,相符的打“√”,不相符的画“×”。

1.There is a picture on the desk.

2.The little duck is behind its mother.

3.The car is in front of the house.

4.There is a pencil on the notebook.

5.Lin Bin's mother is sitting beside him.

III. Listen and match. 听短文,将物品的序号写在相应位置的圆圈里。

This is my room. There is a photo above the bed. There is a water bottle and a clock on the desk. My new computer is between the bottle and the clock. Behind the door, there is a bike. There is a plant beside the bike.

Part C

I. Look, listen and judge. 听句子,根据图片内容判断句子正误。正确的打“√”,错误的画“×”。

1.There are some chairs in the room.

2.The footballs are behind the bed.

3.There is a water bottle beside the computer.

4.The clock is above the picture.

5.There are some plants between the sofa and the bed.

II. Look, listen and write. 听对话,并根据图片位置将单词写在相应的横线上。

— Mum, it's hot and windy outside. I want to fly the kite. The sun is shining.

I need an umbrella. Where is it?

——It's on the desk, beside your water bottle.

——OK. Where is my cap?

——Look, It's in front of the plant.

——And what about the kite?

——It's on the wall, between the clock and the photo.

——Great! Where are my keys?

——Let me see. Oh, they are on the floor, between the desk and your bike!

——Silly me! Thank you, Mum!

Unit 5 There is a big bed.单元作业参考答案

Part A

Listening 听力部分

I. Listen, number and match. 听句子,给下列的单词用1~5的数字标序号,序号写在单词前的圆圈里,并把单词和相应的图片连线。

3　4　2　1　5

连线部分:

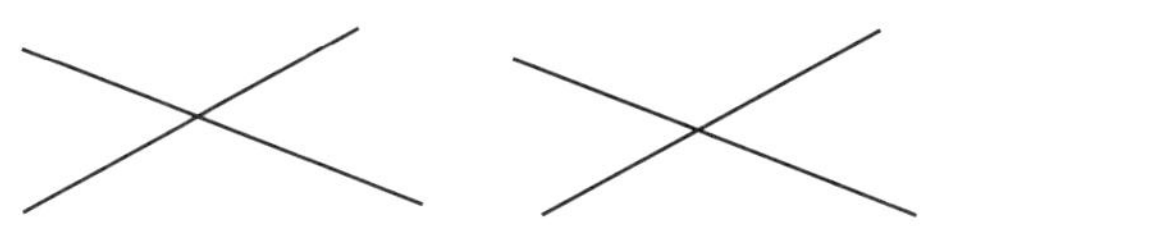

II. Listen and choose. 听句子,选择你听到的单词。

1. C　2. B　3. B　4. A　5. C

III. Look, listen and write. 观察图片,听句子,把你听到的对应单词写在横线上。

1. birthday　Friday　2. tail　3. play　4. rainy paint

Reading & Writing 读写部分

I. Read and finish the tasks. 兔子 Mica 刚刚搬进新房子,快来看看吧。请阅读短文,按题目要求完成任务。

1.请按照 Mica 进屋看到的东西的先后顺序,用1~5的数字为下列物品排序。

2.Mica 的新屋里有许多东西。请看图，在横线上写出物品的名称。

water bottle　　bike　　plant　　clock　　photo

water bottle　　bike　　plant　　clock　　photo

Part B

Listening 听力部分

I. Listen and choose. 听句子，选择和录音内容相符的图片。

1. A　2. A　3. A　4. B　5. B　6. A

II. Listen and judge. 听句子，判断录音和图片是否相符，相符的打"√"，不相符的画"×"。

1. ×　2. √　3. √　4. ×　5. √

III. Listen and match. 听短文，将物品的序号写在相应位置的圆圈里。

Reading & Writing 读写部分

I. Read and finish the tasks. 请参观小狗 Fifi 的家。阅读短文,按题目要求完成任务。

1. B

2.读一读,判断正"T"或误"F"。

(1)F (2)F (3)F (4)T (5)F

Challenge 挑战部分

参考答案:This is the living room. There is a big sofa. There are two pictures above the sofa. There are some nice plants, too. There is a table in front of the sofa. You can see a bottle on it. There is a big TV. You can watch TV here. It's a nice living room.

Part C

Listening 听力部分

I. Look, listen and judge. 听句子,根据图片内容判断句子正误,正确的打"√",错误的画"×"。

1. × 2. × 3. √ 4. √ 5. ×

II. Look, listen and write. 听对话,并根据图片位置将单词写在相应的横线上。

Reading & Writing 读写部分

I. Read and choose. 读句子,选择正确的图片。

1. B　2. A　3. B　4. A　5. B　6. A

II. Read and choose. 读对话,选择合适的句子补全对话,将序号填在横线上。

1. B　2. C　3. D　4. E　5. A

III. Read and choose. 读一读,根据他们的不同需求,在房屋租赁处为下面四个年轻人选择合适的房间。

1. C　2. B　3. D　4. A

IV. Look, read and choose. 看一看,根据图片内容,选词填空。

1. on　2. under　3. in front of　4. beside　5. in　6. behind

Reading for pleasure

I. Read and judge T or F.

1. T　2. F　3. T

II. Read and match.

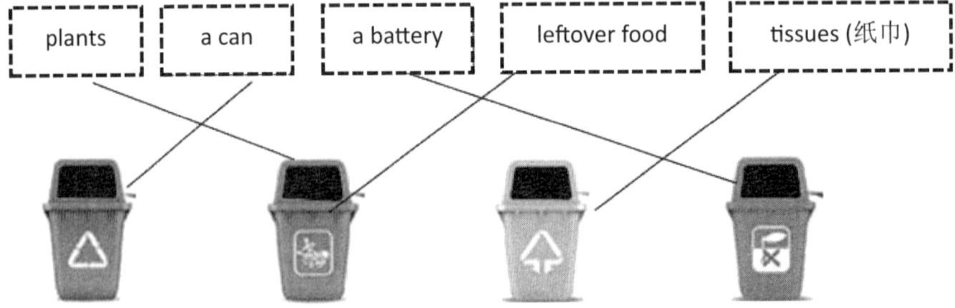

我们的国土　我们的家园

——五年级上册第三单元“单元作业”设计

厦门市海沧区鳌冠学校　叶锦缎

◆单元名称

统编版《道德与法治》五年级上册第三单元——《我们的国土　我们的家园》。

◆单元学习内容与前后联系

本单元是五年级上册第三单元,对应的是“我们的国家”这一生活领域,主要对学生进行基本国情的教育。本单元包含两方面学习内容:一是《我们神圣的国土》,该内容侧重国家主权教育;一是《中华民族一家亲》,该内容侧重民族团结教育。学生在1~4年级的学科学习中,主要感知的是家乡,随着年龄的增长,学生的社会生活领域逐渐扩大,视野不断开阔,这单元的学习,既是他们在学科学习中首次从地理的角度了解和认识自己祖国的辽阔疆域,也是他们以综合的、发展的视角感受56个民族组成的大家庭平等、团结、互助、和谐的社会主义新型民族关系。本单元通过显性和隐性的方式将社会主义核心价值观贯穿始终,区别于地理、历史学科的编排和呈现方式,不追求系统的知识学习,更侧重学生的情感体验,体现德育课程的育人价值。

◆单元教材简述与教学思路

本单元共两课,以“知道祖国辽阔,认识祖国壮丽山河,理解地形差异与人们生活关系”“知道中华民族由56个民族组成大家庭,各民族人民互相尊重、平等交往、和睦相处”构成逻辑主线。第6课《我们神圣的国土》主要引导学生了解我国的地理位置、领土面积、海陆疆域、行政区划等,通过观察社会生活现象,用多种方式感受祖国的辽阔和地形的多样,懂得祖国的领土神圣不可侵犯,认识祖国的壮丽山河,理解自然环境差异与人们生活的关系。第7课《中华民族一家亲》通过选择、列举代表民族文化的实例(如传统节日、歌曲、民间传说、历史故事、服饰、建筑、饮食等)进行交流展示。引导学生认识到中华民族是由56个民族组成的大家庭,各民族人民互相尊重、平等交往、和睦相处,各民族分布上相互交错,文化上兼收并蓄,经济上相互依存,情感上相互亲近,你中有我,我中有你,相互合作互助,共同缔造了光辉灿烂的中华文化。

◆单元重难点突破与作业设计构想

一、单元整体教学目标与突破策略

1. 单元整体教学目标

(1)知道我国的地理位置、领土面积、海陆疆域、行政区划。知道台湾自古以来是我国不可分割的一部分,祖国的领土神圣不可侵犯。

(2)了解我国多样的地形,感受山水之美,初步建立爱护世界自然遗产的意识。

(3)理解不同地区自然环境的差异对人们的生产和生活方式的影响,懂得尊重不同的生活习俗。

(4)知道我国是个统一的多民族国家,各民族共同创造了中华民族的历史和文化。

(5)了解不同民族的生活习惯和风土人情,理解和尊重不同民族的文化,感受各民族之间的相互交融、守望相助。

2.突破策略

源于生活是基础。道德学习归根结底是为了帮助学生更好地生活。因此扎根生活是本课程的重点,作业设计更应该紧密结合学生生活的实际需要和问题,创设生活现实的活动情境,唤起他们的生活经验,引导他们关注生活,用现阶段对祖国具体、微观的感性认识,加以集中,从宏观的角度深度领会,多角度认识祖国自然环境,感知祖国不同地区的风土人情,形成中华民族的归属感。

意义通达是根本。回归生活的小学《道德与法治》课堂的根本理念之一是通过生活学习道德。引导学生理解、体验生活中美好的方面,热爱生活的同时还要帮助他们逐步形成"生活对于我是有意义的"的核心价值观。综合类的作业设计可以使学生在解决问题中,生活智慧得以彰显,而民族自豪感的德育意义得以领会、深化,从而实现学科核心素养的培育。

二、单元作业编制说明

单元作业是相对于传统的单课作业而提出的一种概念,主要是指以教材中呈现的主题教学单元为单位,针对关键要素有重点地进行设计与实施的作业。因此,在单元作业中不但要体现学科的生活性、综合性、开放性、发展性、差异性的特点,还要特别注意单元作业的整体性,从单元角度出发,整体考虑,统筹安排。下面我将围绕作业整体结构、作业设计特点两个方面对五年级上册第三单元《我们的国土　我们的家园》进行单元作业介绍。

1. 作业整体结构

本单元作业围绕课程标准、单元目标的要求,并与单元中各课的内容相关联,精心设计了选择题、综合题和自选题三种题型。内容丰富,题量适当,从单元整体结构出发,注重课与课之间的关联,不仅仅是各课作业的简单累加。题目灵活,难易适中,将教材内容与学生生活经历、时事新闻进行整合,注重结合时事考查学生对基础知识的掌握、理解和运用。分层设计,兼顾差异,本单元作业的设计结合本校学生的实际(九年一贯制学校,生源大部分来自农村),题目相对简单,同时考虑不同层次学生的学习需求,合理搭配比例,既有利于学生树立起学习自信心,又能使层次较高的学生得到发挥的空间。

2.单元作业设计特点

(1)对应单元目标,合理系统设计

本单元共两课,以“知道祖国辽阔,认识祖国壮丽山河,理解地形差异与人们生活关系”“知道中华民族是由56个民族组成的大家庭,各民族人民互相尊重、平等交往、和睦相处”构成逻辑主线。针对这一单元逻辑主线,设计了适量的单元作业,针对单元目标进行精选,合理控制作业量。本作业分为选择题、综合题和自选题三部分,其中选择题12题,涵盖了本单元两课的主要话题;综合题则是在单元作业的基础上设计单元综合作业,作业尽量贯穿单元主题。

(2)关注学生差异,尊重个性发展

作业设计时要关注学生的差异性,兼顾不同层次学生的学习需求,防止“一刀切”。为此,在进行作业设计时进行分层设计,有基础题、提高题和自选题,让不同层次的学生在完成作业时具有一定的选择性,这样有利于学生树立学习的自信心。在关注学生差异的同时,也要尊重学生的个性发展。因此,设计了让学生围绕主题选择自己喜欢的形式来制作民族特色小报的活动,给学生留下了较多自由选择的空间,使学生在完成作业的过程中充分发展个性。

(3)贴近学生实际,设置真实情境

在单元作业的命制过程中,紧密联系时事内容,启发学生运用所学知识解决问题。关注当前新冠肺炎疫情、引起大家广泛讨论的外国品牌分裂国土和史上最贵岩钉等热点事件,以此考查学生对知识点的掌握理解情况,同时也可以借此看出学生对此事的态度,渗透正确的价值观。综合题则设置了一个情境,将“好山好水好风光”“一方水土 一方生活”和“各民族谁也离不开谁”的部分知识点融合在一起,体现了单元作业设计的趣味性、整体性和综合性。同时,随着题号难度逐渐增加,兼顾不同层次学生的学习需求,具有较强的层次性。

三、题目双向分析评估

说明：通过分析题目，评估题目目标水平、难度、时间等是否合适，详见表1。

表1　统编版五年级上册第三单元双向细目表

单元	主题	课题	课程标准内容	考查目标	考查层次						题型	题号
					识记	理解	应用	分析	评价	创新		
我们的国土　我们的家园	6.我们神圣的国土	辽阔的国土	1.知道我国的地理位置、领土面积、海陆疆域、行政区划。知道台湾是我国不可分割的一部分，祖国的领土神圣不可侵犯。 2.知道我国是一个统一的多民族国家，各民族共同创造了中华民族的历史和文化。了解不同民族的生活习惯和风土人情，理解和尊重不同民族的文化。 3.了解我国不同地区自然环境的差异，知道并理解这些差异对人们的生产和生活方式的影响。	了解我国的地理位置和疆域		√					选择	1
				了解我国的行政区划	√						选择	4
				知道台湾是我国不可分割的一部分，祖国领土神圣不可侵犯					√		选择	3
		好山好水好风光		了解我国多样地形，山河壮美			√				综合	13
				知道我国是一个世界自然遗产众多的国家，进一步感受祖国山水之美		√					选择	9
				感受世界自然遗产的价值，爱护世界自然遗产		√					选择	8
							√				选择	9
		一方水土一方生活		了解我国不同地区自然环境的差异，认识自然环境对人们的生产和生活方式的影响		√					选择	5
							√				综合	13
								√			综合	15
								√			综合	17
				相互尊重彼此的生活习俗			√				综合	16
	7.中华民族一家亲	中华民族一家亲		了解中华民族的构成和分布特点	√						选择	2
				感受平等、团结、互助、和谐的民族关系		√					选择	6
						√					选择	11
		各民族谁也离不开谁		民族之间的交往、交流、交融			√				综合	14
				各民族共同奠定祖国疆域、开发国土、发展经济		√					选择	12
				各民族共同创造中华文化		√					选择	7
		互相尊重守望相助		了解不同民族的生活习惯和风土人情，理解和尊重不同民族的文化习俗		√					选择	11
										√	综合	18
				感受各民族之间相互融合、相互尊重、守望相助		√					选择	5
						√					选择	10

◆单元作业设计

小学《道德与法治》五年级上册第三单元作业

主题:我们的国土　我们的家园

温馨提醒:

1.本单元作业分为第 I 卷和第 II 卷两部分。第 I 卷为基础卷,由选择题组成,共 12 道题;第 II 卷为提高卷,由综合题和自选题组成,共 5 道题。

2.本卷完成时间建议 30 分钟。(自选题可灵活安排时间)

第 I 卷

一、选择题。(共 12 题,每小题有 4 个选项,请选出最符合题目要求的一项。)

1.**【原创】**“当灿烂的太阳跳出东海碧波,帕米尔高原依然是群星闪烁。当北国还是银装素裹的世界,南方早已洋溢着盎然的春色。”从诗歌中我感受到了(　　)。

A.我们的祖国岛屿众多　　B. 我们的祖国地形多样

C.我们的祖国风景优美　　D. 我们的祖国疆域辽阔

2.**【改造】**我国民族的分布特点是(　　)。

A.大散居,小聚居,交错杂居

B.小散居,大聚居,交错杂居

C.大散居,小聚居,相互独立

D.小散居,大聚居,相互分离

3.**【原创】**近日,意大利某奢侈品牌因在 T 恤上将香港和台湾地区列为“国家”,而引发网友驳斥。该品牌代言人和明星们也纷纷宣布终止与该品牌的合作。对此,我认为(　　)。

A.明星们做法多此一举

B.T 恤上图案不必较真

C.T 恤虽小,主权事大

D.艺术作品应不分国界

随着新冠肺炎疫情趋于平稳,2020 年 4 月 8 日武汉市正式解除封锁,经过 76 天的艰苦奋战,武汉,这座英雄的城市,正在慢慢复苏,有序重启。请完成 4~6 题。

4.【原创】新冠肺炎疫情的暴发中心武汉市所属的省级行政区是(　　)。

A.湖北省　　B. 湖南省　　C. 福建省　　D. 安徽省

5.【原创】疫情期间,全国各地纷纷为武汉加油,我从图中了解到了(　　)。

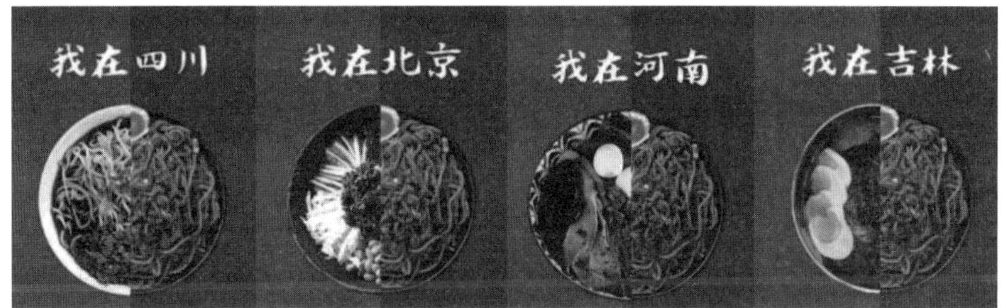

担担面给武汉热干面加油　北京炸酱面给武汉热干面加油　河南烩面给武汉热干面加油　延吉冷面给武汉热干面加油

①中华民族之间的守望相助　　②热干面是武汉的特色美食

③各个地方饮食文化有不同　　④我国是统一的多民族国家

A.①②③　　B. ①②④　　C. ②③④　　D. ①③④

6.【原创】右图,新疆医务工作者巴哈古丽穿着笨拙的防护服带领方舱医院患者共跳新疆舞,最适合这幅图的小标题是(　　)。

A.《团结之花绽放在方舱内》

B.《新疆是个美丽的好地方》

C.《庆祝抗击疫情取得胜利》

D.《大家一起来跳广场舞吧》

7.【改造】在第 42 届巴黎国际旅游展上，中国展台以民族音乐、舞蹈、手工艺和服饰等极富民族特色的展示，惊艳了大批参观者。这说明了（　　）。

A.少数民族之间的文化没有差别

B.各民族共同创造灿烂中华文化

C.少数民族文化是我国最优秀的

D.少学汉文化多学少数民族文化

根据联合国教科文组织《保护世界文化和自然遗产公约》的规定，整个国际社会都有责任通过合作保护世界自然遗产。请完成 8~9 题。

8.【原创】2017 年 4 月，三名攀岩爱好者在世界自然遗产“巨蟒峰”上打入 26 枚岩钉，被罚款 600 多万，堪称“史上最贵岩钉”。此事警示我们（　　）。

A.不能去世界自然遗产地游玩

B.不要去尝试挑战极限的运动

C.世界自然遗产是全人类的财富

D.青山绿水无主，追究责任无理

9.【原创】中国的世界遗产总数位居世界第一，从下面相关介绍中，我明白了世界自然遗产的价值是（　　）。

中国丹霞
地貌跌宕起伏、色彩分明

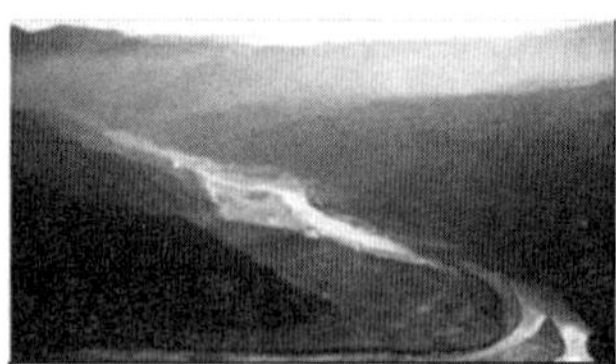

云南三江并流保护区
世界上罕见的高山地貌及其演化的代表地区

武夷山
中国东南部最负盛名的生物多样性保护区

①各自呈现了一种独特的自然现象

②是很多珍稀动物植物的栖息之地

③对研究自然环境演化有重要意义

④代表着地球上最美丽的自然景色

A.①②③　　B. ①②④　　C. ②③④　　D. ①③④

10.【原创】在致富奔小康的路上,一个民族也不能少,下列不符合"兴边富民"举措的是(　　)。

A.学校的李老师到新疆当了一年支教老师

B.李叔叔单位"以买代捐"购买宁夏特产

C.福建春伦集团有限公司为偏远乡村修路

D.村里举行大学生村官先进事迹巡回演讲

11.【原创】右图是一张少数民族地区使用的民汉双文身份证,这种设计理念体现了(　　)。

①民族之间是平等的

②少数民族有着特权

③民族区域自治成立

④尊重少数民族文化

A.①②　　B. ①④　　C. ②③　　D. ③④

12.【原创】抗日战争时期的这三幅图,告诉我们(　　)。

蒙古族抗日骑兵部队向日军发起冲锋

新疆人民为捐款购买的战斗机举行命名仪式

云南各族同胞在抓紧修筑滇缅公路

A.各民族共同丰富了祖国的发展道路

B.各民族共同维护了祖国的领土完整

C.各民族共同促进了祖国的繁荣富强

D.各民族共同开辟了祖国的壮美山河

第Ⅱ卷

二、综合题。(共 5 题，阅读材料，按要求回答问题)

材料：小明是个集邮爱好者，今年他收到了一份特殊的生日礼物：一套印有不同特点的民居风格邮票。在邮票上他发现不同地区的民居建筑都很有自己的特色，他很感兴趣决定去找找资料。请你帮帮他，完成 13～17 题。

① 土楼　②窑洞　③船形屋

④官寨　⑤晾房　⑥蒙古包

13.【原创】请你帮小明将印有不同民居风格的邮票序号写到相对应地区的明信片右上角的方框里。

14.【原创】第四张邮票是西藏民居建筑——卓克基土司官寨。整个官寨沿山而建，其布局是仿汉式四合院的构造，但室内外装饰色彩艳丽、金碧辉煌，是典

型的嘉绒藏族风格。小明查找阅读后,又有了以下的新发现(　　)。

A.卓克基土司官寨是民族文化交融见证

B.卓克基土司官寨是典型的藏族建筑

C.卓克基土司官寨是一座四合院建筑

D.卓克基土司官寨是一个旅游好去处

15.【原创】原来传统民居与当地自然环境息息相关,如下面表格中的范例,对此你还知道哪些呢,请尝试完成下面填空。

传统民居	(例)蒙古包		船形屋	
环境特点	(例)草原游牧	黄土高坡		

16.【原创】不同地区不仅建筑风格不同,风俗习惯也有所差异。出入蒙古包时不许踩蹬门槛;参观黎族船形屋时不得在屋内吹口哨;去傣族人家中时不戴斗笠进去等,面对不同的风俗习惯和文化差异,我们应该(　　)。

①入乡随俗,尊重当地风俗习惯

②尽量减少与人交往,避免麻烦

③提前了解一些当地的风俗习惯

④对当地怪异风俗习惯品头论足

A.①②　　B. ②④　　C. ②③　　D. ①③

17.【原创】你的家乡在哪里?你能像小明这样,结合家乡特色,从衣、食、住、行中,选择感兴趣的点,简述其与当地自然环境或历史背景的关系吗?

三、自选题。（共1题，请按要求选择感兴趣的民族展开探究，完成小报）

18.【原创】请你利用网络、书籍、采访等形式探究自己感兴趣的民族舞蹈、节日、服饰和传统习俗等，并制作一份民族特色小报。查找有困难的同学也可以扫一扫旁边的二维码，查阅老师提供的资料。

《我们的国土　我们的家园》单元作业练习各题的意图说明

第Ⅰ卷

一、选择题。（共12题，每题有4个选项，请选出最符合题目要求的一项。）

1.【原创】“当灿烂的太阳跳出东海碧波，帕米尔高原依然是群星闪烁。当北国还是银装素裹的世界，南方早已洋溢着盎然的春色。”从诗歌中我感受到了（　　）。

A. 我们的祖国岛屿众多　　B. 我们的祖国地形多样

C. 我们的祖国风景优美　　D. 我们的祖国疆域辽阔

答案：D

(设计意图:本题考查的是“辽阔的国土”这一课题,意在通过诗歌的描述,考查学生对我国疆域辽阔的理解程度。选项 ABC 描述正确,但不符合题意。)

2.【改造】我国民族的分布特点是(　　)。

A. 大散居,小聚居,交错杂居

B. 小散居,大聚居,交错杂居

C. 大散居,小聚居,相互独立

D. 小散居,大聚居,相互分离

答案:A

(设计意图:本题考查学生对我国民族分布特点的识记,同时考查学生运用信息的能力。)

3.【原创】近日,意大利某奢侈品牌因在 T 恤上将香港和台湾地区列为“国家”,而引发网友驳斥。该品牌代言人和明星们也纷纷宣布终止与该品牌的合作。对此,我认为(　　)。

A.明星们做法多此一举

B.T 恤上图案不必较真

C.T 恤虽小,主权事大

D.艺术作品应不分国界

答案:C

(设计意图:本题结合学生关注较高的娱乐新闻考查其对祖国领土神圣不可侵犯这一知识点的理解。通过学生的选择可以判断出他们情感态度、价值观。无论是公众人物还是普通群众,在大是大非面前都应深刻认识到祖国领土神圣不可侵犯,国家尊严不容践踏。)

随着新冠肺炎疫情趋于平稳,2020 年 4 月 8 日武汉市正式解除封锁,经过 76 天的艰苦奋战,武汉,这座英雄的城市,正在慢慢复苏,有序重启。请完成 4~6 题。

4.【原创】新冠肺炎疫情的暴发中心武汉市所属的省级行政区是(　　)。

A.湖北省　　B. 湖南省　　C. 福建省　　D. 安徽省

答案:A

（设计意图：本题结合新冠肺炎疫情考查学生对我国省级行政区域的了解情况，同时考查学生对时事新闻的关注度。）

5.【原创】疫情期间，全国各地纷纷为武汉加油，我从图中了解到了（　　）。

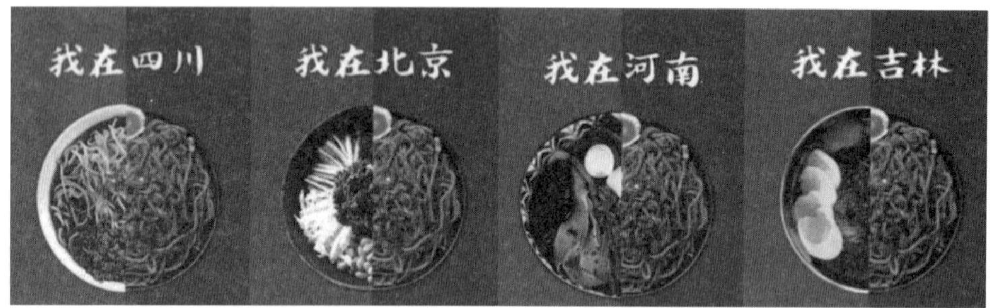

担担面给武汉热干面加油　北京炸酱面给武汉热干面加油　河南烩面给武汉热干面加油　延吉冷面给武汉热干面加油

①中华民族之间的守望相助　　②热干面是武汉的特色美食

③各个地方饮食文化有不同　　④我国是统一的多民族国家

A.①②③　　B. ①②④　　C. ②③④　　D. ①③④

答案：A

（设计意图：本题结合疫情期间各地人民借美食之名为武汉加油这一热搜，考查学生对中华民族守望相助和区域差异这两个知识点的理解。）

6.【原创】右图，新疆医务工作者巴哈古丽穿着笨拙的防护服带领方舱医院患者共跳新疆舞，你认为最适合这幅图的小标题是（　　）。

A.《团结之花绽放在方舱内》

B.《新疆是个美丽的好地方》

C.《庆祝抗击疫情取得胜利》

D.《大家一起来跳广场舞吧》

答案：A

（设计意图：本题结合来自一线少数民族医护人员的战役故事考查学生对民族关系和民族间守望相助这些知识点的理解。疫情发生以来，来自祖国各个地区、不同民族的医护人员纷纷驰援湖北、驰援武汉，体现了中华民族一家亲的民族关系。同时,让学生看图取名不仅考查了其对知识点的理解,也增强了题目的趣味性。)

7.【改造】在第42届巴黎国际旅游展上,中国展台以民族音乐、舞蹈、手工艺和服饰等极富民族特色的展示,惊艳了大批参观者。这说明了(　　)。

A.少数民族之间的文化没有差别

B.各民族共同创造灿烂中华文化

C.少数民族文化是我国最优秀的

D.少学汉文化多学少数民族文化

答案:B

(设计意图:本题结合时事考查学生对各民族共同创造了中华民族灿烂文化的理解。在国外展示中,不管是少数民族文化还是汉文化都代表了中国,他们共同组成了灿烂的中华文化。)

根据联合国教科文组织《保护世界文化和自然遗产公约》的规定,整个国际社会都有责任通过合作保护世界自然遗产。请完成8~9题。

8.【原创】2017年4月,三名攀岩爱好者在世界自然遗产"巨蟒峰"上打入26枚岩钉,被罚款600多万,堪称"史上最贵岩钉"。此事警示我们(　　)。

A.不能去世界自然遗产地游玩

B.不要去尝试挑战极限的运动

C.世界自然遗产是全人类的财富

D.青山绿水无主,追究责任无理

答案:C

(设计意图:本题结合热点话题考查学生对爱护世界自然遗产这一知识点的理解,同时,借助案例对学生进行法治教育的渗透。巨蟒峰被认证为"世界最高的天然蟒峰",是具有世界级地质地貌意义的珍贵遗迹,是全人类的共同财富,一旦破坏不可再生,它需要我们每一个人的保护。我们出行游玩时也要注意爱护自然、爱护遗迹,文明出行。)

9.【原创】中国的世界遗产总数位居世界第一,从下面相关介绍中,我明白了世界自然遗产的价值是(　　)。

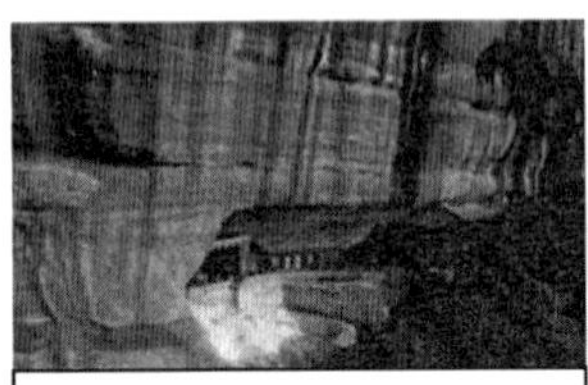
中国丹霞
地貌跌宕起伏、色彩分明

云南三江并流保护区
世界上罕见的高山地貌及其演化的代表地区

武夷山
中国东南部最负盛名的生物多样性保护区

①各自呈现了一种独特的自然现象

②是很多珍稀动物植物的栖息之地

③对研究自然环境演化有重要意义

④代表着地球上最美丽的自然景色

A.①②③　　B. ①②④　　C. ②③④　　D. ①③④

答案:A

(设计意图:本题通过列举三幅我国有代表性的世界自然遗产图片,考查学生对世界自然遗产价值的认识,同时也让学生在潜移默化中感受祖国山河的壮美。)

10.【原创】在致富奔小康的路上,一个民族也不能少,下列不符合"兴边富民"举措的是(　　)。

A.学校的李老师到新疆当了一年支教老师

B.李叔叔单位"以买代捐"购买宁夏特产

C.福建春伦集团有限公司为偏远乡村修路

D.村里举行大学生村官先进事迹巡回演讲

答案:D

(设计意图:本题考查对"兴边富民"的理解,从行动层面来证明中华民族一家亲。但政策对于小学生来说过于生硬,因此选项通过具体的事例来考查学生对这些国家政策的理解。)

11.【**原创**】右图是一张少数民族地区使用的民汉双文身份证，我认为这种设计理念体现了(　　)。

①民族之间是平等的

②少数民族有着特权

③民族区域自治成立

④尊重少数民族文化

A. ①②　　B. ①④　　C. ②③　　D. ③④

答案:B

(设计意图:本题通过举例学生熟悉的事物考查对我国民族关系、理解和尊重不同民族文化习俗这些知识点的理解。)

12.【**原创**】抗日战争时期的这三幅图，告诉我们(　　)。

蒙古族抗日骑兵部队向日军发起冲锋

新疆人民为捐款购买的战斗机举行命名仪式

云南各族同胞在抓紧修筑滇缅公路

A.各民族共同丰富了祖国的发展道路

B.各民族共同维护了祖国的领土完整

C.各民族共同促进了祖国的繁荣富强

D.各民族共同开辟了祖国的壮美山河

答案:B

(设计意图:通过展示少数民族在抗日战争期间的贡献图片，考查学生对“各民族谁也离不开谁”这一知识点的理解。同时也向学生渗透了各民族都为中华民族做出了重要的贡献，共同谱写了中国历史的辉煌篇章。)

第Ⅱ卷

二、综合题。(共5题，阅读材料，按要求回答问题)

材料：小明是个集邮爱好者，今年他收到了一份特殊的生日礼物：一套印有不同特点的民居风格邮票。在邮票上他发现不同地区的民居建筑都很有自己的特色，他很感兴趣决定去找找资料。请你帮帮他，完成13~17题。

① 土楼　②窑洞　③船形屋

④官寨　⑤晾房　⑥蒙古包

13.【原创】请你帮小明将印有不同民居风格的邮票序号写到相对应地区的明信片右上角的方框里。

(设计意图：通过"贴邮票"的活动，让学生把贴有不同风格特点的民居图的

邮票贴到相应地区的明信片上，以此来考查学生对不同地区自然环境差异的了解，增加作业的趣味性。同时学生在欣赏明信片上各地区的风景时也能感受到祖国的山河壮丽，渗透热爱祖国热爱家乡的情感目标。

14.**【原创】**第四张邮票是西藏民居建筑——卓克基土司官寨。整个官寨沿山而建，其布局是仿汉式四合院的构造，但室内外装饰色彩艳丽、金碧辉煌，是典型的嘉绒藏族风格。小明在查找阅读中又有了以下发现(　　)。

A.卓克基土司官寨是民族文化交融见证

B.卓克基土司官寨是典型的藏族建筑

C.卓克基土司官寨是一座四合院建筑

D.卓克基土司官寨是一个旅游好去处

答案：A

(设计意图：通过藏汉民族融合的建筑经典考查学生对民族文化融合的理解，让学生进一步感受各民族间你中有我，我中有你，谁也离不开谁。本题融合了“一方水土 一方生活”与“各民族谁也离不开谁”的知识点，体现了单元作业的整体性和综合性。)

15.**【原创】**这些传统民居与当地自然环境息息相关，如下面表格中的范例，对此你还知道哪些呢，请尝试完成下面填空。

传统民居	(例)蒙古包			船形屋
自然特点	(例)草原游牧	黄土高坡		

答案：窑洞——黄土高坡；船形屋——海岛环境；晾房——干旱沙漠

(设计意图：本题考查学生对自然环境与人们的生活、生产方式关系的掌握情况。黎族的船形屋、新疆的晾房、内蒙古的蒙古包和西藏的碉房等民居建筑都与当地的自然环境息息相关，具有鲜明的地域文化特色，是中华民族共有的文化财富。)

16.**【原创】**不同地区不仅建筑风格不同，风俗习惯也有所差异。出入蒙古包时不许踩蹬门槛；参观黎族船形屋时不得在屋内吹口哨；去傣族人家中时不戴斗笠进去等，面对不同的风俗习惯和文化差异，我们应该(　　)。

①入乡随俗，尊重当地的风俗习惯

②尽量减少与人交往，避免麻烦

③提前了解一些当地的风俗习惯

④大肆评论当地怪异的风俗习惯

A. ①②　　B. ②④　　C. ②③　　D. ①③

答案：D

(设计意图：本题结合各地民居禁忌习惯考查学生对尊重和理解各地区生活习俗这一知识点的理解。不同地区不仅建筑风格不同，风俗习惯也各有差异，面对这些差异我们应该尊重、理解并入乡随俗。)

17.【**原创**】你的家乡在哪里？你能像小明这样，结合家乡特色，从衣、食、住、行中，选择感兴趣的点，简述其与当地自然环境或历史背景的关系吗？

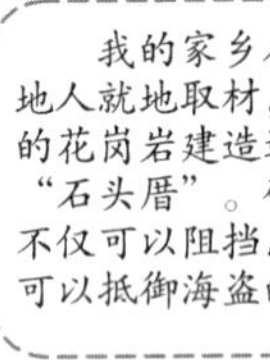

(设计意图：第20题和第16、19题一样考查的是学生对于自然环境与人们的生活、生产方式关系的掌握情况。相比第16题，本题以简答题的形式作答，提高了难度，能够满足较高层次学生的需求。与第19题相比较，19题考查更多的是理解层面，而本题考查的是学生运用知识解决问题的层面，层次性更高。为了避免过于拔高难度，引入主人公小明的话向学生进行示范，同时，视野也从建筑扩大到服饰、饮食、民俗风情等，既考虑到了学生的差异性，又兼顾了不同层次学生的学习需求。)

二、自选题。(共 1 题,请按要求选择感兴趣的民族展开探究,完成小报)

18.【原创】请你利用网络、书籍、采访等形式探究自己感兴趣的民族舞蹈、节日、服饰和传统习俗等,并制作一份民族特色小报。查找困难的同学也可以扫一扫旁边的二维码,查阅老师提供的资料。

(设计意图:本题考查了学生的综合能力。在关注学生差异的同时,更要关注学生的个性发展,因此设计了让学生围绕主题选择自己喜欢的形式来制作民族特色小报的活动。给学生留下了较多自由选择的空间,使学生在完成作业的过程中充分发展个性。同时,为学生提供探究的机会,在观察、思考和探究中培养自主学习的意识和能力。)

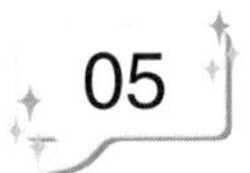

神奇的机械

——苏教版《科学》五年级下册第一单元"单元作业"设计

厦门市海沧区教师进修学校附属学校　叶晓芳

◆单元名称

苏教版《科学》五年级下册第一单元——《神奇的机械》。

◆单元学习内容与前后联系

《神奇的机械》隶属于技术与工程领域，重在引导学生认识生活中的简单机械及其原理。本单元在课标中的定位如下：知道杠杆、滑轮、轮轴、斜面等是常见的简单机械，并会使用这些简单机械解决生活中的实际问题。因学生在此之前未进行相关内容的学习，故本单元的学习内容从生活着手，引导学生发现，我们生活中所见到的剪刀、钳子、扳手、滑轮、螺丝钉、自行车、缝纫机、汽车、机床、起重机……小到一枚缝衣针，大到像航天飞机那样的庞然大物，都是机械。无论这些机械的大小与复杂程度如何，他们都是由最基本的机械，也就是简单机械构成，无形间拉近学生与本单元学习内容之间的距离。

本单元内容由《什么叫机械》《怎样移动重物》《斜坡的启示》《拧螺丝钉的学问》《国旗怎样升上去》《自行车车轮转动的奥秘》六课时内容组成，六课时内容之间呈现"总-分"结构。通过第一节课的学习，学生对于简单机械有总体、初步的认识。而后五课时均以核心问题为引领，学生在解决核心问题的过程中进行相关机械的认识与探索,从而提升学生解决实际问题的能力。

◆单元教材简述与教材思路

在孩子们生活的周围都存在着各种各样的简单机械,这些简单机械的相互组合形成的神奇机器,无时无刻不在引起孩子们的兴趣和关注。第一单元《神奇的机械》就是要引导、鼓励孩子们对生活中一些典型的简单机械进行探究,让他们通过一个个亲历的活动,探索简单机械的秘密,体验成功的乐趣。

在进行机械部分内容教学时,以课程标准中的核心概念为引领,进行单元整体教学设计。在此基础上,以思维导图为媒介,促使学生对于学习的内容进行及时的梳理与组织,助力形成具有生命力的知识、能力网络。

《什么叫机械》

核心问题:科学教室装修过程中不慎摔坏的椅子,你打算怎么修?

过程组织:展示学生可能需要的机械,引导学生运用机械解决问题,并用思维导图整理思路。在此过程中感受到:能够帮助人们降低工作难度或省力的工具装置都叫机械,对于简单机械拥有整体认识。

接下来的教学内容,仍是以围绕“装修科学教室”为驱动,进行一系列核心问题的设置(表1):

表1 教学问题设置

课时	核心问题
《怎样移动重物》	科学教室装修中新到的讲台如何轻松调整位置?
《斜坡的启示》	科学教室中新到的水族箱如何轻松抬上桌面?
《拧螺丝钉的学问》	科学教室新到的椅子如何固定?
《国旗怎样升上去》	新到的仪器箱如何从一楼轻松运往三楼?
《自行车车轮转动的奥秘》	科学教室放入的自行车上藏着哪些简单机械?

◆单元重难点突破与作业设计构想

一、教学重难点与突破策略

1.教学重点：

教学重点在于学生通过本单元的学习，知道杠杆、滑轮、轮轴、斜面等是常见的简单机械，并会使用这些简单机械解决生活中的实际问题。

2.教学难点：

教学的难点在于由于本单元涉及实验、知识众多，学生易形成割裂化的知识碎片，很难构成关于简单机械的知识、能力网络。

3.突破策略：

本单元相对于其他单元而言，涉及的课时内容众多，教师既要帮助学生形成整体的认识框架，又要引导学生对于各种机械进行深入研究，为了突破本单元的学习重点及难点，我们可以采用如下策略。

(1)设计单元整体教学

采用核心问题导向、任务驱动的教学模式，以装修科学教室作为统领各个课时的中心，引导学生螺旋上升式学习。

(2)引入思维导图工具

以一张思维导图作为本单元的思维连接点，学生基于第一课的学习对于各项机械形成初步认识，在之后五课时学习中，逐步完善思维导图。

(3)创设总结汇报课时

在学习五课时各类简单机械的基础上，创设总结汇报课，引导学生以思维导图为媒介，对于深入学习的机械寻找共性与联系，从而深入认识简单机械。

二、单元作业编制说明

始于“导图”促发散思维 终于“导图”培反思意识(图1)

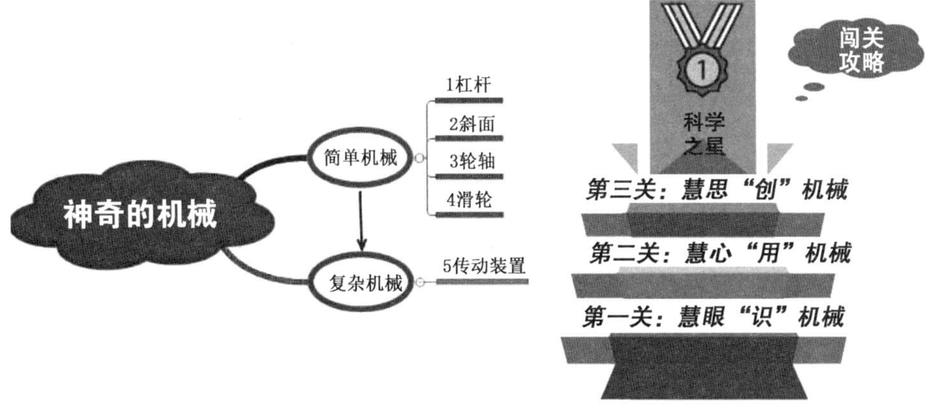

图1 思维发散与反思

在练习之始,巧用思维导图整理单元重难点,习题设计落脚于生活且应用于生活,在练习结束之际,帮助学生从具体的习题引到单元的角度进行重新审视、梳理与反思。为落实本单元学习目标“知道并运用杠杆、滑轮、轮轴、斜面等常见的简单机械”,体现本单元作业的基础性、应用性、创新性及思维性,特别设计了“科学之星”这一大情境,以闯关的形式,设置四个板块:慧眼“识”机械、慧心“用”机械、慧思“创”机械、慧脑“理”导图。整份设计既体现关关之间螺旋上升的结构,又在每关之中彰显题题之间螺旋上升的结构。通过四个富有层次、双螺旋上升的习题设计,助力学生核心素养的形成。

第一关:慧眼“识”机械(着眼基础 扎实推进)

本单元内容隶属于技术与工程领域。设计第一关考查学生是否达到知道杠杆、滑轮、轮轴、斜面等是常见的简单机械的目标。将具体简单机械的识记融入具体的生活实例,赋予简单机械的识记以真实的情境性,以便于检测学生对于相应概念的真实理解程度。如:敬老院“送物资、献爱心”时走哪条路更加省力等习题的编制,当然为了更好地促进不同层次学生的能力发展,在第一关的挑战中同样也设置了难度梯度不同的习题。引导学生逐步分析题意,以明确简单机械类型,如通过聚焦厦门每年举办的热点活动“赛龙舟”,引导学生运用杠杆原理分析赛龙舟中桨属于的杠杆类型,学生通过聚焦赛手划桨时双手握的位置及绕着旋转的点确定支点,进行分析,从而发现桨属于费力杠杆。考查学生对于科学知识的理解从而夯实基础,又促进学生用一双善于观察的眼睛去观察生活。

第二关:慧心“用”机械(落脚应用 稳步提升)

科学基础知识的积累运用除了用情境化的题目进行逐一考查,更需要融到具体遇到的难题中进行深度的剖析运用,第二关设计指向提升学生运用杠杆、滑轮、轮轴、斜面等简单机械解决生活中实际问题的能力,突出能力培养导向。知识的运用绝非知识点的生搬硬套,而是能聚焦于生活具体、实际的问题,进行具象分析后,巧妙地进行运用。如结合学生喜爱玩的娱乐设施“跷跷板”,结合竞争情境,引导学生运用所学的知识,寻找获胜小窍门(不被翘起),学生通过分析支点、动力点、阻力点的位置,发现要想获胜需要离支点越远越好。通过习题的精心编制,将学生思路打开,科学知识成为学生手中解决实际问题的宝器。

第三关:慧思“创”机械(变式训练 培育思维)

科学课程注重学生创新精神和实践能力的培养,促进学生的全面发展。第三关的设计为学生营造展现创造力的天地。学生的创新能力不仅需要在平时的课堂中精心指导、培养,还需要在平时习题中给予他们展示的机会。如在设计实验探究题时,不再生硬安排悬挂几个钩码的机械习题,而是结合日常教学中对于学生的观察,将测量笔袋重量与杠杆的知识联系在一起,进行变式训练。通过难度逐级递增的习题,逐步展露学生的科学思维,更精心设计最后一题半开放题目,引发学生思考如何利用既快捷又方便的方式,公平地比较两个笔袋究竟谁轻谁重?学生可以回答再次制造一秤杆,等长的力臂,观察杠杆的倾斜方向。还可以找一盒子、尺子等制造跷跷板,确定等长的力臂,观察跷跷板的倾斜方向。总之，言之有理即可，让学生创造性思维有一方展示的舞台。

终结挑战：慧脑“理”导图

习题的完成，不是学习的终结。再次运用单元思维导图（图2），引领学生从思维导图中去解答具体习题，再将习题带入思维导图中。对于本单元的练习既有具体的习题解答，又有基于单元高度的思考反思，也让学生核心素养的发展落到实处。

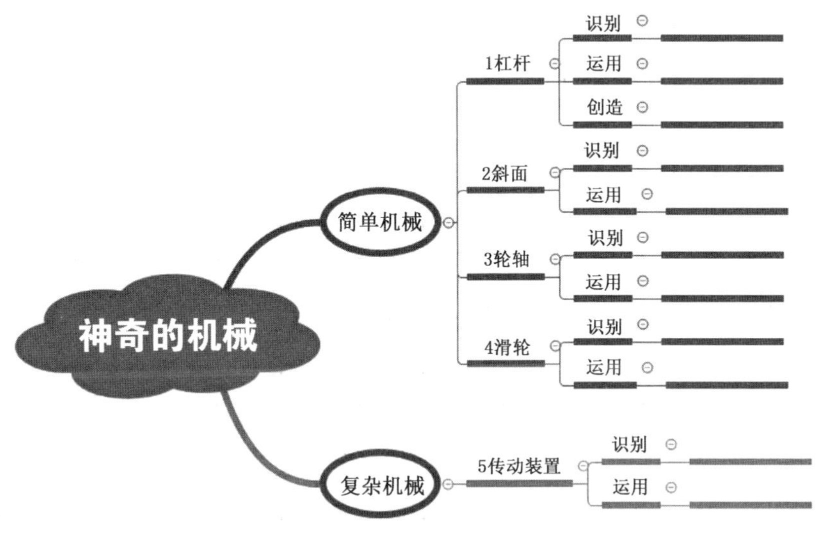

图2　单元思维导图

总之，本份单元练习设计着眼于实际、紧密贴切生活、并巧妙结合思维导图。此时的题目不再仅仅只是“题目”，更像是无形之间传递给学生的“金钥匙”。并活灵活现地向学生展示如何利用科学的这把“金钥匙”，开启身边平凡的世界。使学生在进阶学习中也学会利用科学的“金钥匙”，创造属于自己不平凡的世界。

◆单元作业双向分析评估

单元作业双向细目表如表 2 所示，着眼于实际，贴切生活，致力于达到以“题”启“思”、以“题”促“用”、以“题”促“进”的效果。

表 2　单元作业双向细目表

题型及题号		内　容	认知水平					难度			试题来源	分值（100 分）	
			识记	理解	运用	分析	综合	易	中等	难		小题	合计
第一关　慧眼“识”机械	1	在具体生活情境中识别斜面	√					√			原创	4	32 分
	2	在具体生活情境中识别动滑轮	√					√			原创	4	
	3	在具体生活情境中识别轮轴装置	√					√			原创	4	
	4	在具体生活情境中识别定滑轮装置	√					√			原创	4	
	5	在具体生活情境中识别费力杠杆装置	√					√			原创	4	
	6	结合厦门特色，识别斜面在生活中的运用。		√					√		原创	4	
	7	聚焦厦门热点活动，运用杠杆原理分析赛龙舟中桨属于的杠杆类型				√			√		原创	4	
	8	着眼家庭生活，判断“自动晒衣杆”的滑轮类型				√			√		改编	4	

续表

题型及题号		内　容	认知水平					难度			试题来源	分值（100分）	
			识记	理解	运用	分析	综合	易	中等	难		小题	合计
第二关　慧心“用”机械	9	运用杠杆省力的原理，具象解决“跷跷板”获胜技巧的实际问题			√				√		原创	5	35分
	10	运用轮轴的轮越多越省力原理，解决生活中的实际问题			√			√			原创	5	
	11	运用链条传动的原理，解决生活中的实际问题			√			√			原创	5	
	12	运用斜面可以省力的原理，具象解决“磨菜刀”的技巧问题			√				√		原创	5	
	13	运用杠杆省力的原理，具象解决“修剪树枝”的技巧问题			√			√			改编	5	
	14	落脚于生活实例，运用斜面角度越小越省力原理，选择合适的材料			√			√			原创	5	
	15	着眼日常生活，联系磁铁与杠杆的知识，具体分析实际问题			√					√	原创	5	
第三关　慧思“创”机械	16	结合学校实际情况，创设具体情境，启迪学生通过分析条件，结合滑轮的特点，确定运用动滑轮装置达到省力的目的				√			√		原创	10	25分
	17	结合学生日常生活中感兴趣的内容，创设问题情境，引导学生学会寻找支点到通过调整支点使杠杆平衡的原理，再到创造性地使用杠杆知识解决实际问题，实现螺旋上升式学习。					√			√	原创	15	

续表

题型及题号	内 容	认知水平					难度			试题来源	分值（100分）	
		识记	理解	运用	分析	综合	易	中等	难		小题	合计
思维导图	以思维导图为起点助学生回忆重点 用思维导图为终点促学生梳理题目 指向核心素养的培养					√		√			8	8分

依据苏教版《科学》教材五年级下册第一单元，本单元作业设计紧扣核心概念，在单元教学设计的基础上，巧妙采用思维导图为学习的起点与拓展点，使得单元作业题的思维含量明显增强。并根据学生的年龄特点，设置双螺旋的思维链条，使得学生在各个层级的挑战中得以提升，同时层次式的作业设置，真正符合课标面向全体学生的要求，学生能依据自己的能力层架进行逐级挑战，关注并尊重学生的差异性，才能真正助力学生的发展。本单元的单元作业设计，除了设置了多道开放题，更是将思维导图也融入学习中，使学生对待作业不再只是知识搬运工，更是在多道应用型题目的基础上，使得学生对于本单元的内容进行进一步的提炼与深化，进一步助力学生思维的发展。

◆单元作业设计

苏教版 《科学》五年级《神奇的机械》单元作业

班级：__________ 姓名：__________ 座号：__________

亲爱的同学们，经过一个单元的学习，相信你一定认识很多“简单机械”新朋友，让我们一起随着本单元的思维导图梳理复习本单元重难点并完成四关挑战，预祝你获得更多的科学之星！

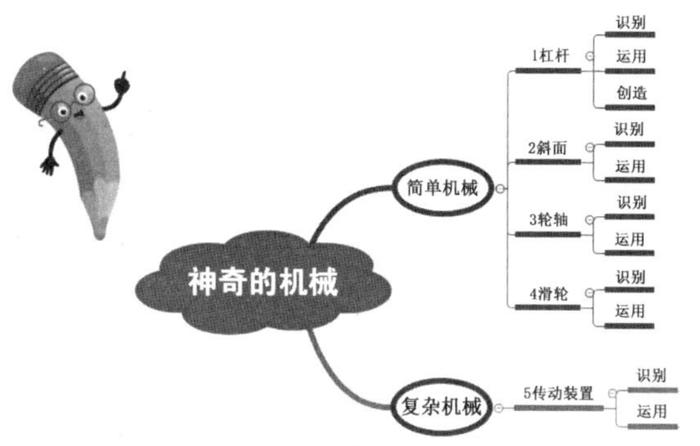

第一关：慧眼“识”机械★

1.【原创】爱老敬老一直是中华民族的传统美德，如图所示，五(1)班的同学要搬运“爱心物资”至山顶的福利院中，走哪条坡更省力？(　　)

A.第一条坡　B.第二条坡　C.两条都一样　D.以上选项都错

2.【原创】10天盖成的武汉“火神山”医院，让世界惊叹中国速度。建医院的过程中吊车起着重要作用，在吊车的吊臂上使用的是(　　)装置。

A.定滑轮　B.动滑轮　C.滑轮组　D.轮轴

3.【原创】家中门把手松动，导致小明常打不开门。学习《神奇的机械》单元内容后，小明尝试用L型扳手拧螺丝来固定门把手，这运用了(　　)省力的原理。

A.滑轮　B.轮轴　C.杠杆　D.斜面

4.【原创】为使遮光效果更好，学校为科学实验室窗前装上遮光卷帘。仔细观察顶部装有____滑轮，目的是______。(　　)

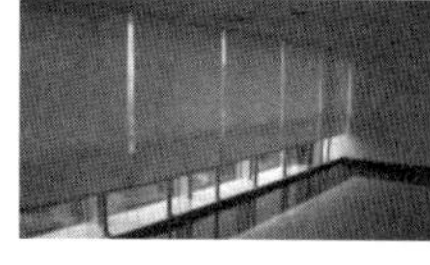

A.动 改变方向　B.动 省力　C.定 省力　D.定 改变方向

5.【原创】主动分担力所能及的家务，是作为家庭成员的责任。小科在烹饪菜肴过程中，拿起调料罐准备放置调料时，发现打开瓶盖运用了杠杆原理，以下观点正确的是(　　)。

A.在打开过程中，罐盖是省力杠杆

B.在打开过程中，罐盖是费力杠杆

C.在打开过程中，罐盖是省力杠杆，省一半的力

D. 在打开过程中，罐盖是即不省力也不费力的杠杆

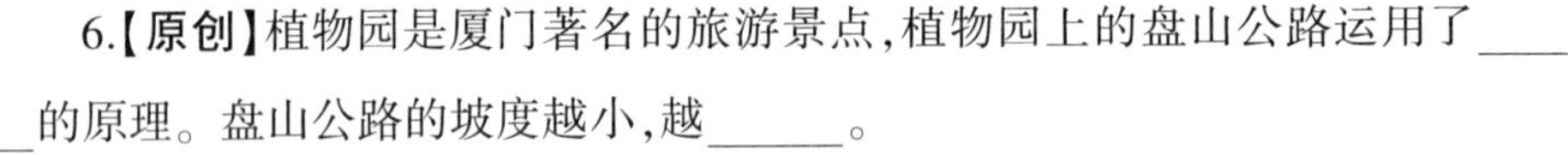

6.【原创】植物园是厦门著名的旅游景点，植物园上的盘山公路运用了_____的原理。盘山公路的坡度越小，越______。

7.【原创】每年端午节厦门集美龙舟池都会举行赛龙舟比赛，这已成为宣扬传统文化的重要平台。仔细观察运动员划桨过程，它是______杠杆。

8.【改编】科技改变生活，家用手摇晾衣架是我们生活中经常使用的简单机械，其中位于横杆旁的滑轮能够起着__________效果。

【设计意图】第一关将所学简单机械的识、记融入具体的生活实例，赋予简单机械的识记以真实情境的生命力，以便于检测学生对于相应概念的真实理解。

第二关：慧心“用”机械★★

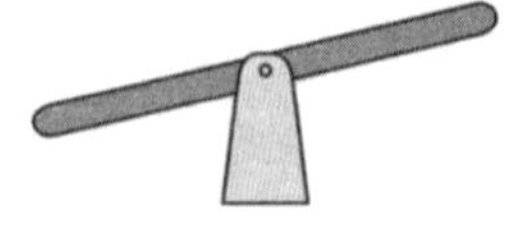

9.【原创】疫情终会消散，我们必定会迎来春天。每逢春游，跷跷板游戏必成为各班比拼的热门项目。规定被翘起的一方为败，你能告诉 1 班同学比赛获胜的窍门吗？(　　)

A.1 班同学派最轻的同学坐在支点最远处

B.1 班同学派最重的同学坐在支点最远处

C.1 班同学派最轻的同学坐在支点最近处

D.1 班同学派最重的同学坐在支点最近处

10.【原创】“学科学、用科学”是小科学家的必备品质。小花打算学以致用，和爸爸一起改装玩具车的方向盘。为使转动方向盘时更省力，她该怎么做？(　　)

A.将方向盘变大　　B.将方向盘变小

C.将方向盘变重　　D.将方向盘变轻

11.【原创】疫情居家期间,小明仔细观察家中自行车上的传动装置,为使大轮转动一圈时小轮转动的圈数更多,他可以(　　)。

A.增加大轮上的齿数,小轮不变　　B.同时增加大、小轮上的齿数

C.增加小轮上的齿数,大轮不变　　D. 同时减少大、小轮上的齿数

12.【原创】厨房中的菜刀钝了,不用急于换菜刀。可将菜刀置于磨刀石上摩擦,此时菜刀应注意(　　)。

A. 与磨刀石完全平行,尽量将菜刀两侧磨得平行

B. 稍倾斜于磨刀石,尽量将菜刀下方磨出锋利的棱角

C. 与磨刀石完全垂直,尽量将菜刀下方磨出平整的面

D. 先用磨刀石细面摩擦,后再改换为磨刀石粗面摩擦

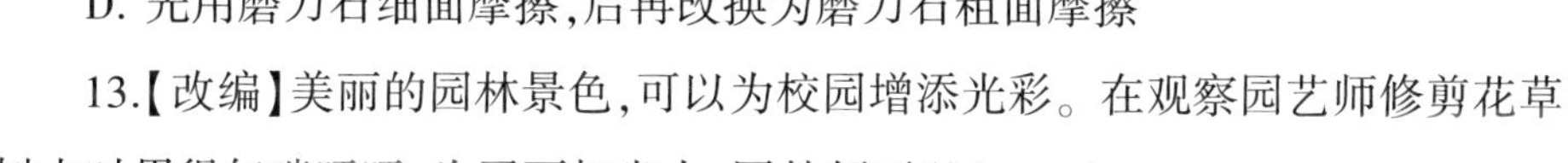

13.【改编】美丽的园林景色,可以为校园增添光彩。在观察园艺师修剪花草树木时累得气喘吁吁,为了更加省力,园林师可以(　　)。

A.修剪时使树枝更远离 O 点,手握处靠近 O 点

B.修剪时使树枝更远离 O 点,手握处远离 O 点

C.修剪时使树枝更靠近 O 点,手握处远离 O 点

D.修剪时使树枝更靠近 O 点,手握处靠近 O 点

14.【原创】在固定相框时,为了拧螺丝更加省力,应该选择螺纹________(密/松)的螺丝钉。

15.【原创】商家使用杆秤称水果时,在秤砣上不小心粘上一小块磁铁,实际质量比称出来的水果质量________。(填“小”“大”“一样”)

【设计意图】第二关指向提升学生运用杠杆、滑轮、轮轴、斜面等简单机械解决生活中实际问题的能力,突出能力培养导向并以此发展学生运用所学的科学知识改善科学的意识与能力。

第三关:慧思“创”机械★★★

16.【原创】学校四楼的科学教室需要装修,为了将装修材料更加省力地搬运至四楼,我们可以利用本单元简单机械的原理来帮忙,请在框中画出使用机械的示意图并说明原理。

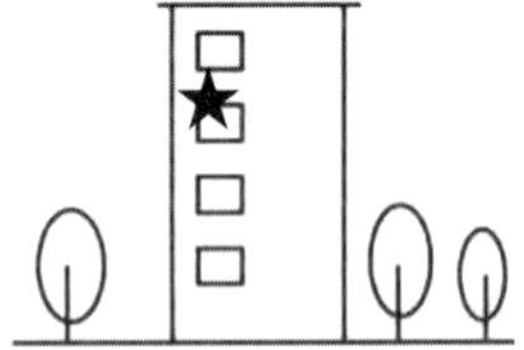

17.【原创】小明想测量自己笔袋的重量,可是手边却无可用的测量工具,他决定运用学习到的杠杆知识来测量自己笔袋的重量。准备的材料有细绳、长硬棒、笔袋、刻度尺、钩码若干,组装好的装置如下图所示:

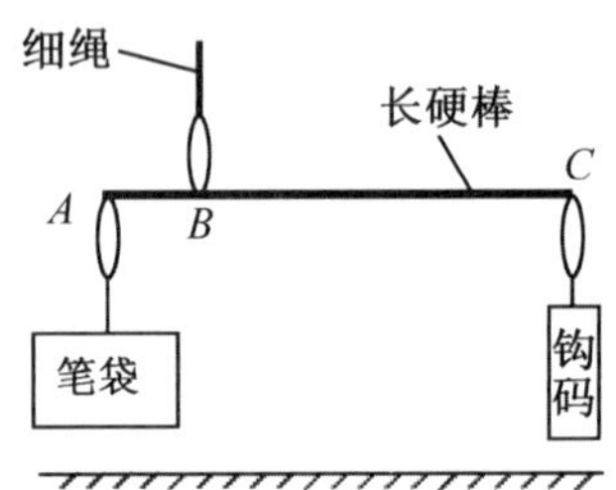

(1)在此装置中,属于支点的是______。

(2)在调整杠杆平衡时,挂笔袋这端下沉,可以通过________办法,让杠杆恢复水平平衡的状态。

(3)经过调整后,杠杆处于平衡,此时右侧悬挂 1 个钩码。用刻度尺测量 B、C 之间的距离是 A、B 之间距离的 5 倍,笔袋的重量为________个钩码的重量。

(4)测试完毕,小明收拾器材。小花看到小明刚刚的操作,觉得很有趣。她决定拿出自己的笔袋和小明的笔袋比较谁轻谁重?你有什么既方便又快捷的方式进行公平的比试吗?请将你的想法用描述或画画的方式表示。

小明的

小花的

【设计意图】第三关的设计指向发展学生的科学思维，助力创造力发展。对于学生的创新能力不仅需要在平时的课堂中精心指导、培养，还需要在习题中给予他们一方展示的舞台。

终极挑战：慧脑“理”导图★★★★★

给机械找找家：请你回顾、检查、梳理上面三关挑战练习题，把题号填到相对应的知识区内，并将这四个模块的易错点、注意事项或你的思考写在一旁。

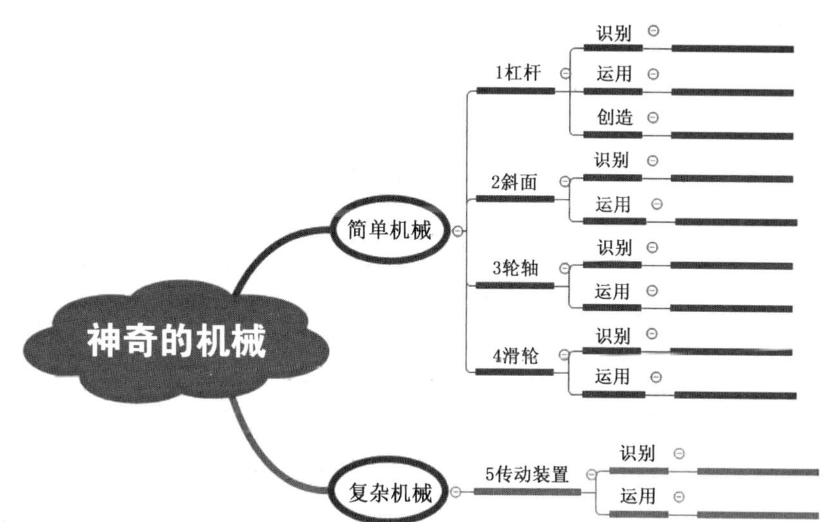

【设计意图】终极挑战指向学生学习能力培养，立足于单元的角度重新对做过的习题进行审视，以进一步了解自身掌握程度，及时调控，以逐步形成具有终身学习能力的学习者。

★★★★★★★★★★

我思、我评、我成长：我觉得本次测试我可以摘得(　　)颗星　(满分：10颗星)

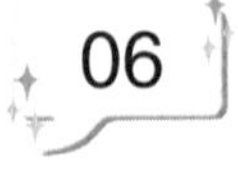

五育融合促发展，实践探究育全人

——《探秘海绵城市》四年级“单元作业”设计

厦门市海沧区第二实验小学　丁云苑

◆主题名称

自主开发主题小学四年级——《探秘海绵城市》。

◆主题背景说明

环境保护教育是环境保护工作的重要组成部分，也是教育教学的重要内容。将环境教育有机融入综合实践活动课，旨在提高学生保护环境的意识和责任感，培养学生解决问题的能力。

2012 年 4 月，“海绵城市”概念被首次提出，2013 年 12 月 12 日，习近平总书记在中央城镇化工作会议的讲话中强调：提升城市排水系统时要优先考虑把有限的雨水留下来，优先考虑更多利用自然力量排水，建设自然存积、自然渗透、自然净化的海绵城市。2017 年 3 月，第十二届全国人民代表大会第五次会议上，李克强总理在政府工作报告中提道：推进海绵城市建设，使城市既有“面子”，更有“里子”。

厦门市成功入选首批国家“海绵城市”建设试点，值得一提的是，我校地处海绵城市试点区，是试点区中首个校园海绵改造项目，对学生们来说，校园内外都是生动的海绵城市建设实践的“活教材”。可以说，“海绵城市”这一主题，结合了时事热点，顺应时代要求，能发展学生核心素养，提升学生综合素质。

◆单元学习内容与前后联系

本单元是在学生已经掌握并能运用综合实践活动的探究方法解决实际问题的基础上展开的。

“探秘海绵城市”这一主题,是基于学生的真实生活和发展需要,依据《中小学综合实践活动课程指导纲要》,紧扣时事热点,遵循四年级学生的年龄特征而自主开发的活动主题。

在单元学习中,运用科学、美术、信息技术等多门学科知识分析解决实际问题,使学科知识在单元活动中得到延伸、综合、重组与提升。学生在探究活动中所发现的问题也将在今后的相关学科教学中得到分析解决。

本单元的学习,以学生体验、考察、实践为主,在活动中所掌握的技能将为后续更好地开展其他主题活动做支撑。在活动中所获得的协作能力、自主探究能力,也将迁移到日常的学习和生活中。

◆单元教材简述与教学思路

《探秘海绵城市》为自主开发教材,活动分为“初识海绵城市”“探秘海绵城市”“相知海绵城市”“再续海绵城市”四个模块,具体教学思路如下。

一、“初识”海绵城市

在课堂中进行头脑风暴,对“海绵城市”这一词汇展开联想,拓展学生思维。从生活实际入手,对“海绵城市”有初步的认识,提出与海绵城市相关的问题。通过查找资料、教师讲授、地图软件、信息技术等多种方法和手段,初步了解海绵城市,激发学生探究兴趣,开启海绵城市之旅。

二、“探秘”海绵城市

在教师的引导下，学生自主学习，通过实验、采访、调查、上网搜集资料、实地考察等多种研究方法，合作探究“周边水污染情况调查”“新阳排洪渠的昨天与今天”“神奇的海绵砖”“身边的海绵城市设施”等多个小主题。将问题转化为研究小课题，体验探究的过程和方法，形成对问题的初步解释。

三、“相知”海绵城市

本阶段为学生的成果汇报。学生自由地选择适合自己的汇报方式，如绘画、摄影、表演等，将探究成果呈现出来。鼓励多种形式的结果呈现与交流，在班级、学校内进行成果展示。促进学生自我反思与表达、同伴交流与对话。学会大胆表达观点、倾听互评，提升个人经验。

四、“再续”海绵城市

拓展延伸，发散学生思维，继续提出自己感兴趣的问题，转化为研究小主题。让学生知道，虽然对“探秘海绵城市”这一主题的探究已暂告一段落，但是对知识的探索是无止境的，要时刻保持一颗求知、探索的心。

◆单元重难点突破与作业设计构想

一、教学重难点与突破策略

1.教学重点

通过对活动的探究，了解什么是海绵城市；学会运用各种方法、手段、工具等解决实际问题；形成良好的环境意识，培养主人翁精神，为自己是这个城市的小主人感到自豪。

2.教学难点

尝试使用 3D 软件等信息技术手段制作海绵城市模型,设计富有创意的作品,提高学生的动手能力、思维能力和迁移水平。

3.突破策略

(1)深度学习,注重亲历过程

“活动与体验”是深度学习的核心特征。学生要成为学习的主体,就要有亲身经历活动的机会和过程。教师若直接将知识“灌输”“平移”给学生,就忽视了教学的真正目的。

因此,本单元作业设计,均以学生活动与体验为主,让学生亲历知识的发生过程。例如,在单元作业设计中,让学生去收集新阳排洪渠过去和现在的照片,通过对比,学生能够切身感受到海绵城市带来的成效。

学生亲历、体验、感悟,主动地获取知识,能更好地将知识内化于心,在潜移默化中形成对环境的保护意识,培养主人翁精神,更好地突破教学重难点。

(2)资源意识,借助多方力量

《中小学综合实践活动课程指导纲要》中指出:各学科教师要发挥专业优势,主动承担指导任务。积极争取家长、校外活动场所指导教师、社区人才资源等有关社会力量成为综合实践活动课程的兼职指导教师,协同指导学生综合实践活动的开展。

本次活动涉及多门学科的知识,这就要求教师学会“借力”,可借助多学科教师的力量,将相关学科教师请到课堂为学生讲解,也可以鼓励学生主动采访、请教其他学科教师,以帮助学生更好地完成探究活动,从而突破教学重难点。

例如,单元作业设计中要求学生使用 3Dmax 软件制作 3D 模型,这就可以借信息技术教师的力量,将信息技术老师作为“顾问”,帮助学生更好地挑战 3D 模型的制作。作业中要求学生调查水质情况,就可以借助科学老师之力,为学生答疑解惑,学会科学判断水质是否被污染。

(3)团队协作,培养合作能力

俗话说,三个臭皮匠顶个诸葛亮。学生在合作探究中的能量是不可估量的。在活动中,教师只是起到组织、参与、促进、引导的作用,学生的自主探究和团队合作才是解决问题、获取知识的关键。

合作学习是一种科学有效的学习方法,也是学生个性发展的需要。因此,在单元学习中,要多以学生小组合作探究为主,引导学生在遇到不能解决的问题时,要以小组的形式进行讨论和互相协作,取长补短,形成学习共同体。

二、单元作业编制说明

1.双向细目表(表1)

表1 《探秘海绵城市》活动作业设计双向细目表

模 块	活动主题	考查目标	目标范畴			
			价值体认	责任担当	问题解决	创意物化
活动预热	头脑风暴	学会提出自己感兴趣的问题,具有问题意识			√	
"初识"海绵城市	探寻海绵城市	1.学会借助手机、电脑、软件等各种工具,解决实际问题 2.能够选择自己喜欢的方式,呈现海绵城市的模样,具有一定的动手能力、创造能力和创新意识			√	√
"探秘"海绵城市	周边水污染情况调查	1.能够正确选择实地考察、观察、实验等方法探究周边水污染情况 2.学会科学判断水样是否被污染,填写水样调查记录表,从数据得出结论	√	√	√	
	海沧区新阳排洪渠的昨天与今天	1.学会通过上网搜集资料、采访、实地考察等方法,对比新阳排洪渠在海绵城市建设前后的变化 2.初步了解海绵城市所带来的成效	√	√	√	
	神奇的海绵砖	1.了解海绵砖和普通砖在外观、渗水性、厚度等方面的区别 2.能够用绘图的形式直观表达出普通砖和海绵砖的区别			√	√
	身边的海绵设施	1.拍下或画出身边的海绵城市设施,了解它们的名字和用途 2.根据自身能力及兴趣,利用3D软件、编程设计等方法制作海绵城市设施模型	√		√	√

续表

模 块	活动主题	考查目标	目标范畴			
			价值体认	责任担当	问题解决	创意物化
“相知”海绵城市	我是海绵城市规划师	1.能根据先前所学知识，利用绘画、模型、3D、编程等方法，规划设计心中的海绵城市，具有一定的创新精神 2.对规划师这一职业有简单的认识	√	√	√	√
	成果汇报	1.学会小组协作，选择喜欢并且合适的方式进行成果汇报，能够大胆表达自己的观点，汇报研究成果 2.学会倾听，能从其他人的汇报中发现优缺点，获得相关知识	√	√	√	√
	我的收获	能够回忆活动过程中的点滴，学会对活动进行总结、反思	√	√	√	
“再续”海绵城市	后续研究	1.具有一定的发散思维，学会提出问题，能将问题转化为研究小课题 2.能够持续保持求知、探索的心	√		√	

2.单元作业设计特点

(1)学科融合，提升素养

《中小学综合实践活动课程指导纲要》中指出：综合实践活动是一门跨学科的实践性课程。

活动中的多学科融合，能够有效打通各学科之间的联系，提升学生的统整能力、综合运用知识的能力。本单元作业设计中，涉及了水样调查、3D建模、绘图、实地观察、采访等多个任务，有效融合了科学、美术、信息技术等多个学科，培养了学生综合运用多学科知识，认识、分析和解决实际问题，提升综合素质，发展了核心素养。

(2)自主探究，实践探索

现代课程论之父泰勒说：“学习是通过学生的主动行为而发生的，学生的学习取决于他自己做了些什么，而不是教师做了些什么。”因此，学生是学习的主体，要注重学生主动实践和开放生成。

单元作业以学生自主探究为主，学生通过观察、实验、采访、查资料、实地考察等多种方法完成不同阶段的任务，在探究过程中，填写作业单。这一过程，学生积极主动地投入到实践探索中，小组合作，自主探究。

(3)多元评价，培育全人

习近平总书记在全国教育大会上强调，要“扭转不科学的教育评价导向，坚决克服唯分数、唯升学、唯文凭、唯论文、唯帽子的顽瘴痼疾，从根本上解决教育评价指挥棒问题”。《中小学综合实践活动课程指导纲要》也强调，课程评价主张多元评价和综合考察。

多元评价要求评价主体多元化，评价内容全面化、评价方法多样化。单元作业中提供的“评价表”是以学生、同伴、家长、教师这四个评价主体，对“学习态度”“协作能力”“任务完成”“实践能力”“创新能力”等多个维度展开评价，充分地将学生在活动过程中的各种表现和活动成果作为分析考察课程实施状况与学生发展状况的重要依据，对学生的活动过程和结果进行综合评价，培育全面发展的人。

◆单元作业设计

老师的话

孩子们，我们即将开启“海绵城市”之旅啦！

美丽厦门共同缔造，我们每个人都是这个城市的小主人。你们知道吗？我们所学习生活的这座城市，不仅美丽温馨，还成功地入选了首批国家“海绵城市”的建设试点地。

在这次的“海绵城市之旅”中，我们可以了解到什么是海绵城市、海绵城市给我们的生活带来的变化、我们周边的水污染情况等，还可以通过自己的喜好选择研究内容和研究方法。

作为这座城市、这个社区的小主人，我们要善于观察，发现我们社区、校园内的海绵城市设施，通过观察、采访、查找资料等各种方法，进一步地发现和了解海绵城市。

老师为大家准备了在这个学习过程中可能用到的学习单,在探究过程中,同学们可自主选择以下学习记录单,也可在老师提供的学习单上进行改进和创作。

相信这次的“海绵城市之旅”,同学们一定能收获颇丰,满载而归。还等什么,快化身“海绵宝宝”出发吧!

活动预习单——头脑风暴▲

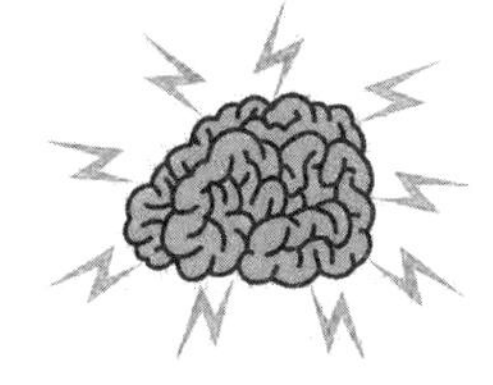

1.我之前(□听过、□没听过)海绵城市这个词。

2.第一次听到“海绵城市”时,我联想到了好多词汇,它们是:

____

____

3.我猜想海绵城市是这个样子的:

____

____

4.画一画我猜想的海绵城市:

5.关于海绵城市,我想提出的问题有:

____

____

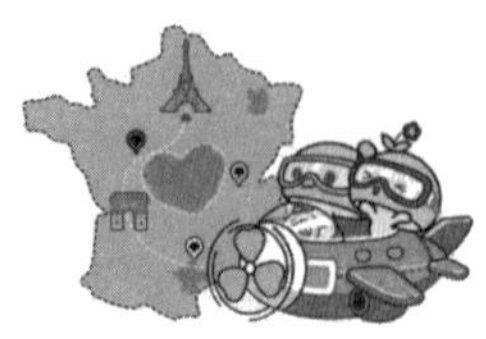

“初识”海绵城市▲
探寻海绵城市

1.打开手机、电脑的地图软件,搜索位于马銮湾片区的海绵城市试点区。

2.运用手机 App 等地图软件,搜索离我们学校、我们家最近的海绵城市试点区的位置。

我知道的地图软件有________________________________。

我使用的地图软件是________________________________。

从地图中我知道,离我家最近的海绵城市试点区是__________(填写地点)。

离我的学校有________公里;离我的家有______公里。

3.通过搜集资料，以及课上所学的知识，我知道了什么是海绵城市。我要用我喜欢的方式呈现海绵城市的样子。

我喜欢画画，我要把海绵城市的样子画下来。

我要用小木棒、海绵、草皮等材料，搭建海绵城市的模型。

我有学过3Dmax软件，我要用电脑制作海绵城市的3D模型。

我参加过学校的软陶社团，我要用软陶制作海绵城市的模型。

用喜欢的方式把海绵城市的样子呈现出来。

（温馨提醒：如果作品是立体的，可以将它拍下来再粘贴照片哦）

“探秘”海绵城市▲

周边水污染情况调查

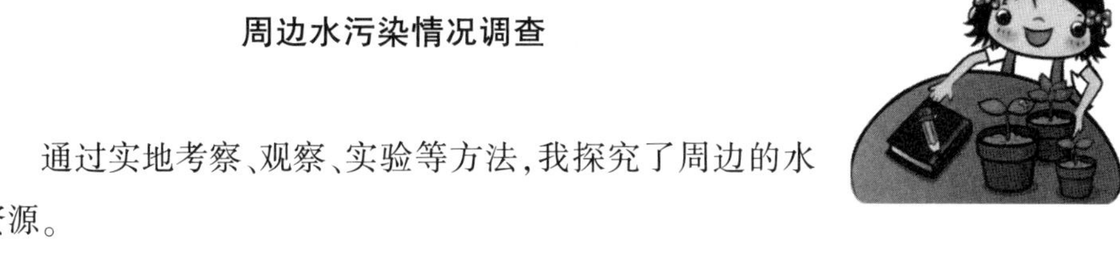

通过实地考察、观察、实验等方法，我探究了周边的水资源。

1.我采集到了 □我家 □学校 □小区（在相应的□上√）的水样，并在地图上进行了标记。

2.通过请教科学老师，我知道了可以通过这些方法判断水样是否被污染了：

3.填写水样调查记录表

小贴士

看一看：用眼睛观察水样，记录观察到的水样情况。（如：水样颜色、是否有颗粒、漂浮物等）

闻一闻：用鼻子闻一闻，记录闻到的气味。

测一测：借助 PH 试纸，测量水样的 PH 酸碱度。

探一探：到现场探究水样周边的地理位置，简单记录水样周边的建筑物、工厂、垃圾厂等。

水样调查表			
水样来源		采集时间	
看一看			
闻一闻			
测一测			
探一探			
备注			
是否污染			

我得到的结论：

____

____

“探秘”海绵城市▲

海沧区新阳排洪渠的昨天与今天

通过上网搜集资料、采访、实地考察等方法，我了解到了海沧区新阳排洪渠的过去和现在。

1.海绵城市建设前，新阳排洪渠是什么样子的？

____

____

____

____

通过采访、查资料，我收集到了当初的照片：

粘贴照片

2.海绵城市建设后，新阳排洪渠发生了巨大的变化，现在的新阳排洪渠是这个样子的：

____

____

我拍到了现在新阳排洪渠的照片：

粘贴照片

3.新阳排洪渠之所以有这样的变化，是因为：

____

____

“探秘”海绵城市▲

神奇的海绵砖

1.通过观察、实验，我发现了海绵砖和普通砖块的区别：

项目	普通砖块	海绵砖
外观		
渗水性		
厚度		
（　　）		
结论		

2.画一画两者的区别

普通砖	海绵砖
VS	

“探秘”海绵城市▲

身边的海绵设施

1.我知道的海绵设施有________________________________

____

2.我是在__________(小区、学校、马路……)发现了海绵设施的。

3.我能将我找到的海绵城市设施拍下来或者画下来:

这是______________它的作用是________________________

____

4.(选做)我能利用电脑 3D 软件、编程等信息技术手段,制作海绵设施的模型。

“相知”海绵城市▲

我是海绵城市规划师

通过不断的学习和探索,我了解了海绵城市的相关知识,将来我想成为一名规划师,更好地规划海绵城市。

1.通过上网搜集资料和采访,我知道了城市规划师的工作内容和职责:

____
____
____
____

2.如果让我设计未来的海绵城市,我会这样规划和设计:

____
____
____
____
____

3.用我喜欢的方式呈现我规划的海绵城市:

(温馨提示:图片、模型、3D、编程等都是不错的形式哦。)

我的设计意图:

____
____
____

“相知”海绵城市▲

成果汇报

经过这段时间的探究，我们不仅学会了团结合作，还在探秘海绵城市的过程中，学习到了许多相关知识，真是收获满满呀！我迫不及待地想和老师、同学们分享我的研究成果啦。

1.我想采用的成果汇报方式是(可多选)：

□手抄报　□演讲　□PPT　□观察日记

□实验报告　□采访记录　□调查报告　□小论文

□视频　□绘本　□小册子　□小品

□其他：________

2.我最想和老师、同学们分享我学到的知识是：

____

____

____

3.成果汇报时，我们小组的分工是这样的：

小组成员	具体任务

4.听了同学们的成果汇报，我最喜欢________________(小组名称)的汇报。因为____

5.听了其他小组同学的汇报，我学习到了新的知识：

6.这是我们小组上台展示时的照片：

粘贴照片

“相知”海绵城市▲

我的收获

转眼间，海绵城市之旅即将结束，整个探究过程中，我收获颇丰。

1.我了解到了与海绵城市相关的知识：

____

____

____

____

2.我学习到了一些新的技能：

____

____

____

____

3.让我印象最深刻的事情是：

____

____

____

____

4.我还想继续研究的问题有：

____

____

____

____

5.最后，我还有一些感受：

____

____

____

____

6.在探究过程中，我最喜欢我们小组的这张照片：

粘贴照片

探秘海绵城市▲
评价单

内 容	等 级			学生自评	小组互评	家长评价	教师评价	综合评定
1.参与学习的态度、热情	☆☆☆	☆☆	☆					
2.每次活动的出勤情况	☆☆☆	☆☆	☆					
3.在小组中发挥的作用	☆☆☆	☆☆	☆					

续表

内　容	等　级			学生自评	小组互评	家长评价	教师评价	综合评定
4.根据分工完成任务的情况	☆☆☆	☆☆	☆					
5.合作意识的能力	☆☆☆	☆☆	☆					
6.实践能力	☆☆☆	☆☆	☆					
7.创新能力	☆☆☆	☆☆	☆					
8.对知识的掌握程度	☆☆☆	☆☆	☆					
综　合	☆☆☆	☆☆	☆					

附：

知识小卡片

海绵城市的提出

2012年4月，在《2012低碳城市与区域发展科技论坛》中，“海绵城市”概念首次被提出；2013年12月12日，习近平总书记在《中央城镇化工作会议》的讲话中强调：提升城市排水系统时要优先考虑把有限的雨水留下来，优先考虑更多利用自然力量排水，建设自然存积、自然渗透、自然净化的海绵城市。

2017年3月中华人民共和国第十二届全国人民代表大会第五次会议上，李克强总理政府工作报告中提道：统筹城市地上地下建设，再开工建设城市地下综合管廊2000公里以上，启动消除城区重点易涝区段三年行动，推进海绵城市建设，使城市既有“面子”，更有“里子”。

什么是海绵城市？

海绵城市，是新一代城市雨洪管理概念，是指城市能够像海绵一样，在适应环境变化和应对自然灾害等方面具有良好的“弹性”，下雨时吸水、蓄水、渗水、净水，需要时将蓄存的水“释放”并加以利用。提升城市生态系统功能和减少城市洪涝灾害的发生。

常见的海绵设施有哪些？

生态树池、落管式雨水花园、蓄水桶……

海绵砖的特点

1.具有良好的透水、透气性能，可使雨水迅速渗入地下，补充土壤水和地下水，保持土壤湿度，改善城市地面植物和土壤微生物的生存条件。

2.可吸收水分与热量，调节地表局部空间的温湿度，对调节城市小气候、缓解城市热岛效应有较大的作用。

3.可减轻城市排水和防洪压力、对防止公共水域的污染和处理污水具有良好的效果、使马路上不积水。

4.雨后不积水，雪后不打滑，方便市民安全出行。

5.表面呈微小凹凸，防止路面反光，吸收车辆行驶时产生的噪音，可提高车辆通行的舒适性和安全性。

6.砖体内毛细管多、细小，水变成冰的容积小，分散度高，膨胀小，因此砖不易被冻坏；添加特殊黏结剂，使砖体韧性好；砖内毛细管分布均匀，单个孔隙直径小，无应力集中。

7.色彩丰富，自然朴实，经济实惠，规格多样。

07

原地投掷垒球

——水平二(三年级)《体育与健康》“活动作业”设计方案

厦门市海沧区芸美小学 廖娟娟

◆单元指导思想

本单元以“健康第一”为指导思想,面向全体学生,关注学生的不同需求,激发学生的学习兴趣,使学生通过对投掷垒球技术动作的学习达到锻炼身体、提高身心素质的目的。本单元的教学从培养学生生理和心理健康的实际出发,采用游戏、竞赛等教学方法,充分调动学生的参与性、积极性和主动性,让每个学生都能在体育活动中体验到主动参与并获得成功的乐趣。

◆学情分析

小学三年级的学生具有活泼好动、想象力丰富、好奇心强的特点,喜欢上体育课,对体育运动具有良好的参与动力,初步具备了竞争意识、团队合作意识,学生的学习兴趣容易被调动,但是自我约束能力和控制能力比较弱,注意力容易转移,独立思考能力有限,容易受外界事物的影响。根据他们的天性,恰当地营造轻松的玩练环境,以游戏为主,让学生在“玩中学、学中练”。

◆单元教材分析

原地投掷垒球是在一、二年级自然挥臂、简单投掷动作基础上的发展和提高。通过投掷垒球的基本技术动作的学习，让学生体会单手侧向投掷，怎样才能投掷更远，体现自己的投掷能力。投掷教材偏重于发展学生的上肢力量，因此在教学实施过程中，应搭配参与者适当发展下肢力量的活动，以促进学生的全面发展。

◆单元教学目标及教学计划

一、单元教学目标

1. 认知目标：通过本单元的学练，使全体学生了解原地投掷垒球的动作要领，懂得动作方法及基本锻炼价值。

2. 技能目标：通过本单元的学练，学生积极参与到课堂游戏中，80%的学生基本能够掌握蹬地、转体、挥臂的连贯动作，20%的学生能全身协调用力经肩上掷出的投掷动作。

3. 体能目标：通过本单元的学练，发展学生的灵敏、协调性和上肢腰腹力量，提高上肢爆发力。

4. 情感目标：培养学生积极参与遵守纪律，刻苦锻炼和团结友爱，友好相处的品质。

二、单元教学计划

《原地投掷垒球》单元教学计划详见表 1。

表1 《原地投掷垒球》单元教学计划

教材	原地投掷垒球	年级	三年级	总课次	4	执教者	廖娟娟
教学重难点	重点:蹬地、转体、肩上屈肘,快速挥臂 难点:全身协调用力,动作连贯						
课次	第一次课						
学习目标	1.通过本课的初步体验,学生了解原地投掷垒球的基本技术动作,学会侧身蹬地转体,向前挥臂动作 2.通过本节课的学练,使80%的学生基本能够掌握蹬地、转体的动作,20%的学生能做到蹬地、转体、肩上屈肘投掷动作 3.发展学生灵敏和协调性 4.培养学生正确的身体姿势,增强安全意识						
重点难点	重点:蹬地转体 难点:肩上屈肘						
教学内容	1.扔纸飞机 2.弹力毛巾练习蹬地转体 3.投掷弹力毛巾球 4.课课练:俯撑收腹跳						
器材	1条弹力毛巾、1张A3纸						
课次	第二次课						
学习目标	1.通过本课学练,学生学会肩上屈肘快速挥臂的技术动作 2.通过本节课的学练,使80%的学生基本能够掌握蹬地、转体、肩上屈肘的动作,20%的学生能做到肩上屈肘、快速挥臂的投掷动作 3.发展学生灵敏、反应、协调素质,提高上肢爆发力 4.培养学生在活动中克服困难、遵守纪律的意志品质和团结协作的精神						
重点难点	重点:肩上屈肘快速挥臂 难点:出手角度						
教学内容	1.两人一组弹力毛巾蹬地、转体练习 2.两人一组肩上屈肘快速挥臂练习 3.两人一组投掷毛巾球(包裹纸球的毛巾球) 4.课课练:俯撑击掌抢纸球						
器材	1条弹力毛巾、1个纸球						
课次	第三次课						

续表

教材	原地投掷垒球	年级	三年级	总课次	4	执教者	廖娟娟
学习目标	1.通过本节课学练，使掌握原地投掷垒球的投掷方法 2.通过本节课的学练，使80%的学生基本能够掌握肩上屈肘快速挥臂掷出的技术动作，20%的学生能做到全身协调用力、动作连贯的原地投掷垒球动作 3.发展学生灵敏、反应、协调素质，提高上肢爆发力 4.培养学生在活动中克服困难、遵守纪律的意志品质和团结协作的精神						
重点难点	重点：动作连贯 难点：全身协调用力						
教学内容	1.两人一组，A双手上举站前，B持弹力毛巾球站后，相距一米，B的投掷高度要越过A的手臂 2.两人一组投掷弹力毛巾球（包裹垒球的毛巾球），比比谁的毛巾球尾巴飘得高、飘得漂亮 3.两人一组投掷垒球 4.课课练：螃蟹搬家						
器材	1条弹力毛巾、1个纸球						
课次	第四次课						
学习目标	1.通过测试再次激发学生的学习兴趣 2.了解学生对原地投掷垒球的技术动作的掌握情况 3.检验教学手段的有效性						
重点难点	重点：蹬地、转体、肩上屈肘，快速挥臂 难点：全身协调用力，动作连贯						
教学内容	1.复习原地投掷垒球的技术动作 2.分组进行原地投掷垒球考核 3.提前考核结束的同学进行腰腹肌练习 4.总结、讨论、交流课后作业对技术动作的促进效果						
器材	1条弹力毛巾、1个纸球						

◆易犯错误与纠正方法

原地投掷垒球的易犯错误与纠正方法如表2所示。

表2 原地投掷垒球的易犯错误与纠正方法

易犯错误	纠正方法
握球方法错误	用纸球进行抓握练习;注意发展手指、手腕力量,体会正确持(握)球方法
投掷臂未充分后引	做侧向站立,先徒手再过渡到手持器材的投掷臂向后引伸,体会动作感觉
投掷物从肩侧甩出	弹力毛巾练习转体肩上屈肘定点,在投掷臂的一侧站人或者立物,帮助强化肩上屈肘掷出的动作
掷球过高或过低	墙上贴标志物,帮助学生体会、分析投掷时的出手角度

◆安全注意事项

1.居家练习前检查场地及器材,服装与配饰的安全性。

2.居家练习前做好充分的准备活动。

3.居家练习时根据自身能力调整安全距离。

4.居家练习后做好适当的放松拉伸活动。

◆单元作业设计构想

一、单元作业设计意图

原地投掷垒球是“水平二”运动领域目标中一项重要的教材,是发展学生上肢力量和腰部力量的重要手段。

素质练习:俯撑左右横移、卷腹摸膝、俯撑交替手拨球、俯撑击掌抢纸球、俄罗斯转体 、毛毛虫爬行、俯撑收腹跳、螃蟹搬家、超人两头起。

设计意图:锻炼学生的上肢力量和腰腹核心力量,有助于专项作业的提高,竞赛型的小游戏、合作型的上肢腰腹力量的练习,不仅能调动学生的练习积极性,还能促进亲子关系。

专项作业 1:毛巾蹬地转体

设计意图:利用毛巾这种居家可得的器材,一头绑在窗户固定或者辅助者拉紧,练习者手持毛巾另一头练习蹬地转体,在不知不觉中突破重点、攻克难点,可谓一举多得。

专项作业 2:弹力毛巾快速挥臂

设计意图:利用弹力毛巾,一头固定,练习者手持弹力毛巾另一头做快速鞭打的动作,提高出手速度。

专项作业 3:对墙投掷毛巾球

设计意图:弹力毛巾和纸球的结合掷出,变成"白昼流星"这样的梦幻场景,是儿童喜闻乐见的形式,能充分调动学习积极性,引导他们通过"玩中学、学中练"在自学自悟、主动探究中掌握原地投掷垒球的动作方法,初步了解投掷的动作要领,同时进一步激发他们对投掷活动的兴趣。

二、单元作业双向细目表

《原地投掷垒球》单元作业双向细目表如表 3 所示。

表 3 水平二(三年级)《原地投掷垒球》单元作业双向细目表

<table>
<tr><th colspan="2" rowspan="2">活动内容</th><th colspan="6">发展素质</th><th rowspan="2">难度系数</th><th rowspan="2">运动负荷</th></tr>
<tr><th>力量</th><th>核心</th><th>柔韧</th><th>灵敏</th><th>耐力</th><th>协调</th></tr>
<tr><td rowspan="4">第一次作业</td><td>俯撑左右横移</td><td></td><td>√</td><td></td><td></td><td>√</td><td></td><td>低</td><td>大</td></tr>
<tr><td>卷腹摸膝</td><td></td><td>√</td><td></td><td></td><td>√</td><td>√</td><td>低</td><td>中</td></tr>
<tr><td>俯撑交替手拨球</td><td>√</td><td>√</td><td></td><td>√</td><td>√</td><td>√</td><td>中</td><td>中</td></tr>
<tr><td>弹力毛巾蹬地转体</td><td></td><td></td><td></td><td></td><td></td><td>√</td><td>中</td><td>小</td></tr>
<tr><td rowspan="4">第二次作业</td><td>俯撑击掌抢纸球</td><td>√</td><td>√</td><td></td><td>√</td><td>√</td><td></td><td>中</td><td>大</td></tr>
<tr><td>俄罗斯转体</td><td></td><td></td><td>√</td><td>√</td><td></td><td>√</td><td>低</td><td>小</td></tr>
<tr><td>毛毛虫爬行</td><td>√</td><td></td><td>√</td><td></td><td></td><td>√</td><td>中</td><td>小</td></tr>
<tr><td>弹力毛巾快速挥臂</td><td></td><td></td><td></td><td>√</td><td></td><td>√</td><td>中</td><td>中</td></tr>
</table>

续表

活动内容		发展素质						难度系数	运动负荷
		力量	核心	柔韧	灵敏	耐力	协调		
第三次作业	俯撑收腹跳	√				√		低	大
	螃蟹搬家	√		√			√	中	大
	超人两头起		√	√		√	√	中	中
	对墙投掷毛巾球	√			√		√	中	中

◆《原地投掷垒球》单元作业

《原地投掷垒球》单元作业目标及锻炼前的准备工作如表 4 所示。

表 4　单元作业目标及准备工作

单元作业目标	1.认知目标:通过本单元的学练,使学生了解原地投掷垒球的动作要领,懂得动作方法 2.技能目标:通过本单元的学练,使学生基本掌握原地投掷垒球的技术动作 3.体能目标:通过本单元的学练,发展学生的协调性和上肢腰腹力量,提高上肢爆发力 4.情感目标:培养学生积极主动参与锻炼的意识和互相帮助的友好相处品质
锻炼前的小拉伸 	1.压肩 1　15 秒  2.压肩 2　15 秒  每次锻炼前任选 1~2 种进行肩部拉伸

续表

锻炼前的小拉伸	3.左右拉肩 1　各 15 秒  4.左右拉肩 2　各 15 秒

单元作业一、二、三详见表 5、表 6、表 7。

表 5　作业一

作业目标	1.通过本次锻炼，使学生进一步了解原地投掷垒球的基本技术动作，基本掌握蹬地转体，向前挥臂的动作 2.发展学生全身协调性和上肢力量 3.培养学生正确的身体姿势，增强安全意识
重点难点	重点：蹬地转体　　难点：肩上屈肘
锻炼内容	1.俯撑左右横移　　20 秒×2 组 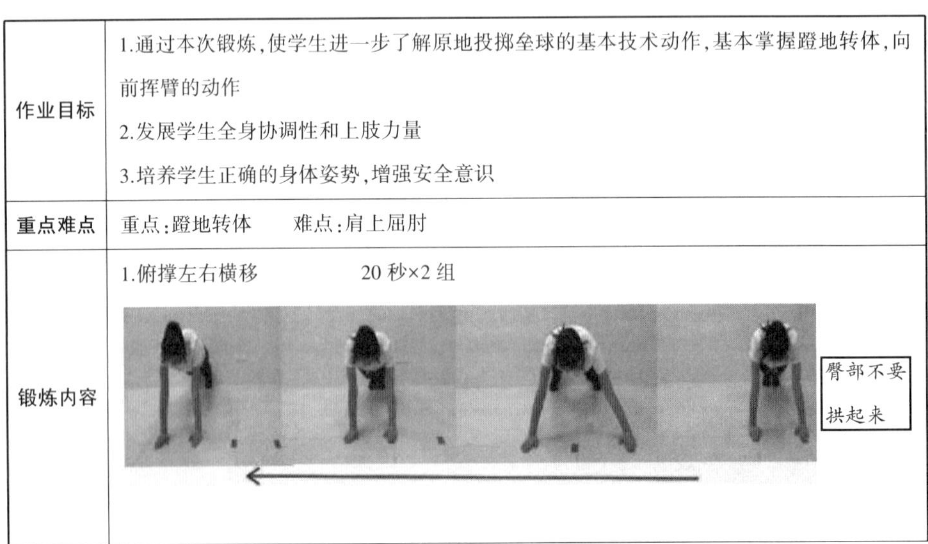

续表

锻炼内容	2.卷腹摸膝　15 次×3 组(每组休息 30 秒) 脚和臀部不动 3.俯撑交替手拨球　10 次×5 组(每组休息 30 秒) 臀部不要拱起来 4.弹力毛巾蹬地、转体　10 次×5 组(每组休息 30 秒) 注意肩上屈肘
器材	1 条弹力毛巾、1 张 A3 纸

表 6　作业二

作业目标	1.通过本次锻炼,使学生进一步巩固肩上屈肘快速挥臂的技术动作 2.发展学生灵敏、反应、协调素质,提高上肢爆发力 3.培养学生在活动中克服困难,互相帮助的精神
重点难点	重点:肩上屈肘快速挥臂　难点:动作连贯

续表

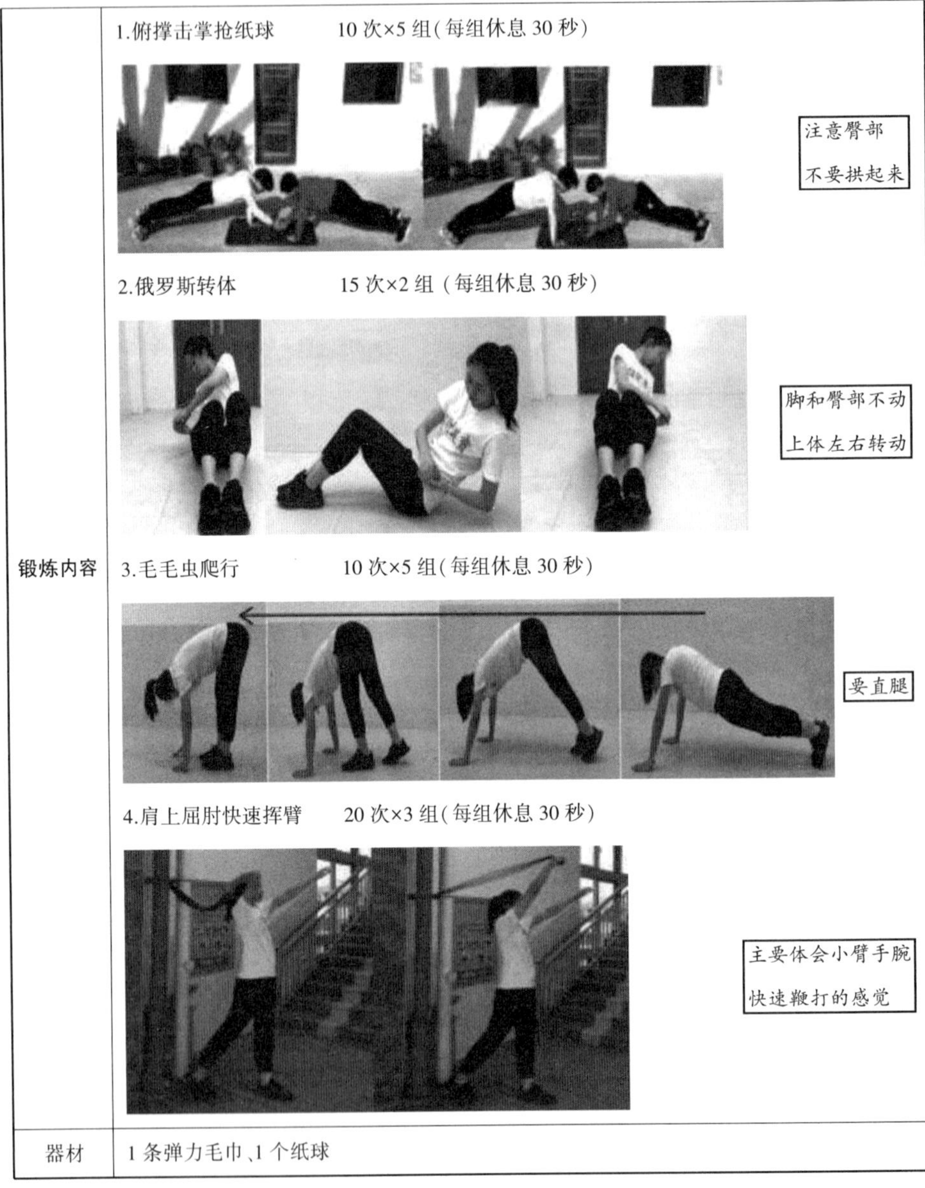

锻炼内容	1.俯撑击掌抢纸球　　10 次×5 组(每组休息 30 秒) 注意臀部不要拱起来 2.俄罗斯转体　　15 次×2 组（每组休息 30 秒） 脚和臀部不动上体左右转动 3.毛毛虫爬行　　10 次×5 组(每组休息 30 秒) 要直腿 4.肩上屈肘快速挥臂　　20 次×3 组(每组休息 30 秒) 主要体会小臂手腕快速鞭打的感觉
器材	1 条弹力毛巾、1 个纸球

表 7　作业三

<table>
<tr><td>作业目标</td><td>1.通过本次锻炼,使学生进一步巩固原地投掷垒球的投掷方法
2.发展学生腰腹力量,全身协调性和提高上肢爆发力
3.培养学生在活动中克服困难、增强安全意识和互相帮助的精神</td></tr>
<tr><td>重点难点</td><td>重点:出手角度　难点:全身协调用力</td></tr>
<tr><td>锻炼内容</td><td>1.俯撑收腹跳　30 秒×5 组(每组休息 1 分钟)

收腹时大腿尽量贴近胸部
2.螃蟹搬家　3 米×3 趟(往返一次休息 30 秒)

肚子不要塌下去
3.超人两头起　20 次×3 组(每组休息 30 秒)

双手双脚同时起同时落
4.对墙投掷毛巾球　20 次×3 组(每组休息 30 秒)

体会全身协调用力的完整动作,墙上贴纸练习出手角度</td></tr>
<tr><td>器材</td><td>1 条弹力毛巾、1 个纸球</td></tr>
</table>

原地投掷垒球作业及动作质性评价如表 8、表 9 所示，作业完成情况评价见表 10，作业量性评价见表 11。

表 8 原地投掷垒球作业质性评价

项目	优秀	良好	继续努力
原地投掷垒球	动作连贯，由下至上，全身协调用力，蹬地有力，出手速度快，角度适中	动作较连贯，能够协调用力，出手角度较稳定	动作不协调、不连贯，出手角度或高或低

表 9 原地投掷垒球作业质性评价

项目	优秀	良好	继续努力
蹬地转体	☺☺☺	☺☺	☺
肩上屈肘	☺☺☺	☺☺	☺
快速挥臂	☺☺☺	☺☺	☺
出手角度	☺☺☺	☺☺	☺
在练习的过程中可以邀请同学或者家长与自己一起锻炼，练习结束后请对本次练习进行评价，请用“√”表示			

表 10 原地投掷垒球作业完成情况自评与他评

项目	优秀	良好	继续努力
作业 1	☺☺☺	☺☺	☺
作业 2	☺☺☺	☺☺	☺
作业 3	☺☺☺	☺☺	☺
优秀：积极主动地按量完成作业，动作质量高 良好：主动按量完成作业，动作质量一般 继续努力：练习动作敷衍，无精打采 练习结束后请对本次练习进行评价，请用“√”表示			

表 11　原地投掷垒球作业量性评价

项目		优秀 (完成次数)100%	良好 (完成次数)70%	继续努力 (完成次数)40%
第一次作业	俯撑左右横移			
	卷腹摸膝			
	俯撑交替手拨球			
	弹力毛巾蹬地转体			
第二次作业	俯撑击掌抢纸球			
	俄罗斯转体			
	毛毛虫爬行			
	弹力毛巾快速挥臂			
第三次作业	俯撑收腹跳			
	螃蟹搬家			
	超人两头起			
	对墙投掷毛巾球			
练习结束后请对本次练习进行评价,请用"√"表示				

悦读中国古代建筑

——人教版小学《美术》六年级下册第三单元“单元作业”设计

厦门市海沧区霞阳小学　李云禧

◆单元名称

人教版小学美术六年级下册第三单元——《悦读中国古代建筑》。

◆单元学习内容与前后联系

长久以来，小学美术课存在着课时少、作业要求相对孤立缺少关联性和递进性的问题。“悦读中国古代建筑”美术单元设计巧妙地将零碎的教学内容进行归纳整合，以人教版小学《美术》教材第十二册第十五课《中国古代建筑艺术》为主题，整合了本册教材中的其他四课“第二课《寻找美的踪迹》、第四课《雕与刻的乐趣》、第八课《我设计的服装》、第九课《图文并茂》”展开了五课时的单元活动设计。以感受中国古代建筑之美为出发点，依托教材的有效整合，以学生发展为本的单元活动作业设计，体现了核心知识技能目标落实与核心素养提升之间的关系。

◆单元教材简述与教学思路

新课程改革的核心理念是“以学生发展为本”,依据美术课程标准具体阶段目标和学生的就近发展区理念而设计的。从“知识本位”的学习改变为“核心素养本位”的学习,培养学生“像艺术家一样思考”,逐步提升学生的美术素养。美术课程应改变单纯以学科知识体系构建教学内容的思路,从促进学生学科素养发展、关注“人”的素养发展的方向来设计单元作业。本单元作业设计巧妙地将零碎的教学内容进行归纳整合,使学生在教学中获得多元素的美的感受,既有利于知识技能的掌握,又让学生广泛细致地接触了事物的多样性,较好地体验美术课程的“愉悦性”。

一、以四条主线展开活动

本单元前四课时的教学内容分别以布局美、细节美、经典美、人文美这四条主线展开不同的学习任务和美术活动体验。

二、以学生为本开展活动

在单元的活动作业设计分为两个梯度递进。第一层为前四课时:以中国古代建筑为学习主题,运用三种不同的美术表现元素来加强对中国古代建筑知识点的美术感受。第二层次为第五课时,是对中国古代建筑知识的一个转化和运用。把中国古代建筑从学习的内容转化为设计的元素对服装进行设计,从而使中国古代建筑这一主题巧妙地和现实生活相联系在一起,引导学生像设计师一样地思考,逐步形成设计意识,培养学生习惯于追求创造和创新的思维。这一作业的设计不仅形成了学习的梯度,表现了美术知识的实用性,体现了美术教育的内涵,延续和发展美术的知识与技能。同时,还在学习中渗透了传统优秀文化的传承,起到了润物细无声的美术学科爱国情感的教育,形成学生基本美术素质和能力,促进学生的全面发展。

三、设计开放多元的课后拓展活动

美术单元化教学并不是一味地将教学课时延长,而是在充分分析课程、学生水平后的教材重组。给予学生更加丰富的美术体验,获得更多学习成就感。

在本单元每一课时活动设计中都有一个拓展活动设计:亲子间小导游演说、社区里的发现观察、表演介绍的立体书展示、运用中国古代建筑的美学观布置家中摆设。这些活动将课内单元学习活动与学生的生活联系在一起,加强了美术的应用性,体现了美术教育的延续。让学生在味美浓郁的生活创作活动中提升美术感知,体会美术之美、生活之美。从而在实践感受中逐步形成热爱祖国优秀文化传统的价值观。

◆单元重难点突破与作业设计特点

一、教学重难点

1.教学重点

学习中国古代建筑中宫殿建筑、园林建筑、寺庙、民居的建筑元素,感受中国古代建筑美的内涵,通过不同的造型表现方法表达对中国古代建筑的感受与理解。

2.教学难点

结合本单元知识、技能用多种美术媒材进行策划、创作与展示,体会中国古代建筑美学与生活环境、美术与传统文化的关系。

二、突破策略

“悦读中国古代建筑”美术单元,以感受中国古代建筑之美为出发点,在“感受中国古代建筑之美”的主题下依托教材的有效整合,以学生发展为本、学生参与为主的单元活动作业设计,体现了核心知识技能目标落实与核心素养提升之间的关系。

1.注重探究式学习的学习活动记录表

本单元教学中教师巧妙地设计和运用了课中的学习记录表,增强探究意义。教师的巧引和学生主动地学,让学生在做学习主人的意识中有目的地参与到教学活动中,感受精彩的美术课堂。

2.在形式多样的学生作业中培养创新能力

第一课时作业:以线描的形式表现故宫的细节美,第二、三课时作业:以泥塑的形式表现园林和民居建筑特征的作品,第四课时作业:小组合作运用立体折纸的形式制作一本关于中国古代建筑的立体书,有条件的小组可以先写好脚本再用手机拍摄的方式对立体书进行介绍。

3.体现学科核心素养的学生美术学习活动综合评价表

美术课程标准指出,美术课程评价应以学生在美术学习中客观事实为基础,注重评价与教学的协调统一,尤其要加强形成性评价和自我评从。既要关注学生掌握美术知识、技能的情况,更要重视美术学习能力、学生态度、情感和价值观等方面的评价。

三、作业设计特点

1.单元活动作业的有效性和探究性

以“悦读中国古代建筑”为主题展开五个不同的活动内容,科学地整合教材、优化课堂,给予学生丰富的感知、多元的活动体会。同时结合每一课时的知识点设计了课中的学习单、活动记录单、创作记录表、课后拓展活动记录表,引导学生深入地“学”和“思”。为学设引,让学生有目的地进行探究。

2.单元活动作业的趣味性和愉悦性

本单元的活动设计以学生的个性心理特征为基础,重视寓教于情、寓教于乐。如:亲子间的小导游演说家、立体书制作、古今神兽的对话,这些活动主题从学生感兴趣的点出发设计活动内容,巧妙把学生转变为了活动的主角,极大可能地使学生在每个单元活动作业中体会到美术学习的快乐、获得最大的成就感。

这种以学生为本的活动设计，极大地调动了学生学习美术的积极性，从而在轻松快乐的氛围中发现美、学习美、创造美。

3.单元活动作业的分层性和拓展性

本单元的活动作业设计从学生的实际角度出发。在第一课时就采用分层布置、自由选择，线描画、小绘本、美术知识小报这三种作业的表现形式从单一到复杂，满足不同层次学生的需求，也符合学生个性的发展，最大地激发学生美术学习的兴趣。美术的学习不仅仅是在课堂，还在日常生活中，在本单元的活动作业设计，还结合了海沧区当地的著名民居、寺庙、学生的家庭展开了课后单元活动作业。灵活地适应不同生活环境的学生，使活动贴近学生的生活，引导学生参与文化传承，体现了美术课程的价值。

4.单元活动作业的人文性和创新性

在单元中注重学习中国古代建筑的不同类型，了解其中的文化内涵。故宫等级表现、园林的山水诗意情怀、民居多元的地域表现性，在多元的美术表现中感受祖国文化的精华，培养学生的爱国情感。使学生在丰富的美术活动中理解美术作品所蕴含的人文精神，感受生活美、陶冶了爱国情操逐渐提高学生的人文素养。

在此基础上注重学生个性与创新精神的培养。创新地进行“传统和现代”的传承活动内容设计，如《服装上的中国古代建筑》就是在前面四课时的基础上进行的富有民族文化传承的单元活动。大胆地把建筑和服装设计相融合，单元活动问题的设置贴近学生生活中的兴趣点，有效、合理地引导学生运用中国古代建筑的知识分析问题、解决问题，把知识转化为具体成果，进行美术设计活动体验。从而使学生在不同知识的学习融合中，提高了自身的创新思维能力。

◆单元作业设计

一、单元作业目标

新课程改革的核心理念是“以学生发展为本”,依据美术课程标准具体阶段目标和学生的最近发展区理念而设计的。本单元的美术作业设计目标分为知识与技能、过程与方法、情感态度与价值观三方面。

1.知识与技能:知道中国古代建筑的历史、风格、类别;采取多元方法自主收集分析资料信息,形成简明扼要的资料单,能辨识区分中国古代建筑中的宫殿建筑、园林建筑、寺庙、民居的建筑元素,能较准确地运用这些元素设计进行美术单元活动作业的创作。

2.过程与方法:通过欣赏视频、图片,学生感受中国古代建筑中凝固的中国悠久历史文化;以课堂学习记录表的形式分类归纳中国古代建筑所蕴含的艺术元素。运用平面绘画和立体制作的手法,大胆设计绘画故事、陶泥、立体书等,展开多元素的作品呈现。引导学生关注生活,将学习与学生自己的生活充分地融合起来,逐步提高学生感受美、表现美和美术创新思维的能力。

3.情感、态度与价值观:通过探究中国古代建筑的美,使学生了解中国古代建筑的人文内涵,激起学生对身边建筑的关注,对中国千年的文化历史产生浓厚的兴趣,激发学生对祖国的热爱之情。

二、单元活动作业规划

本单元的作业设计一直遵循着两线并举的原则。一是以学生兴趣为落脚点进行作业的设计,与时俱进地从学生的角度去了解当下学生的喜好,给学生多种可选择的作业表现形式,增强学生的美术学习欲望,体现了美术学科的实践性。二是实行作业分层选择。并对学生作业分层进行评价,不断思考并改善教学模式,促进全部学生的发展。

单元作业设计构想如表 1 所示。

表 1 单元作业设计构想

课时	活动名称	活动目标	活动任务	设计意图
第一课时	《最美中轴线——故宫建筑》	1.感受、学习故宫经典美 2.运用线描的形式表现神兽、斗拱、故宫建筑的美 3.感悟中国木构建筑的独特魅力	1.课中：边学边完成美术学习单和记录表。学会知识归纳、对比分析的美术学习方法 2.活动："古今神兽的对话"。自编自绘一个富有故宫特色的对话小场景（构图、画面安排、对话内容设计） 3. 拓展活动：我会说——建筑小导游	1.第一课时的单元活动作业设计结合了本册第 2 课《寻找美的踪迹》，作业分成三个层次灵活供学生挑选，可用线描、线描小绘本、美术知识小报三种不同的表现形式描绘故宫的神兽、斗拱、故宫建筑的美，为第五、六课时的活动积累创作元素 2.让学生从整体到局部认识建筑的独特肌理、布局、细节美，培养学生发现美、表现美的能力，提高对祖国百年故宫文化的了解，渗透爱国情感教育 3.拓展活动设计了亲子表演《古建筑小导游》，将课内单元学习活动与学生的生活联系在一起，体现了美术教育的延续
第二课时	《诗意山水——园林建筑》	1.感受、学习园林的诗意山水美 2.运用泥塑表现园林的美 3.对比感悟宫殿和园林两种类型不同的美	1.课中：边学边完成美术学习单和记录表 2.活动："泥声"。运用捏、塑、刻、围、印、绕制作一件表现园林建筑特征的泥塑作品 3. 拓展活动：发现美——园林建筑在社区景观中的运用	1.第二课时的单元活动作业设计结合了本册第 4 课《雕与刻的乐趣》，用捏、塑、围、刻的泥塑技法表现园林美 2.活动的设计从第一课时的平面表现进阶到立体的泥塑作品，进一步积累创作元素 3.拓展活动设计了用表演的形式向大家演示自己制作的立体书视频，体现了美术教育的应用性
第三课时	《居家文化——中国古民居建筑》	1.感受、学习古民居建筑类型的丰富性 2.运用泥塑表现古民居的美 3.对比感悟宫殿、园林、古民居三种类型不同的美	1.课中：边学边完成美术学习记录表 2.活动："泥声"。运用捏、塑、刻、围、印、绕制作一件表现古民居建筑特征的泥塑作品 3. 拓展活动：发现美——海沧区的传统民居	1.第三课时的单元活动作业设计结合了本册第 4 课《雕与刻的乐趣》，用捏、塑、围、刻的泥塑技法塑造古民居的建筑美 2.通过本次的作业设计拓展了本单元的作业形式，由常见的表现提高到立体泥塑，不同的材质、不同的技法，不同表现主题的设计，由浅入深让学生在创作中感受中国古代建筑的博大精深 3.拓展活动设计了用美术的眼光去发现身边的建筑美，体现了美术教育的应用性

续表

课时	活动名称	活动目标	活动任务	设计意图
第四课时	《"天人合一"——寺庙、塔建筑》	1.感受、学习寺庙、塔的不同建筑特色 2.小组分工合作,制作一本介绍中国古代建筑的立体书,并拍成介绍视频 3.对比感悟宫殿、园林、古民居、寺庙四种类型不同的美	1.课中:完成美术学习记录表 2.活动:"我制作的中国古建筑立体书"。(学习立体书的弹跳机关、移动机关、V形机关) 3.拓展活动:发现美——海沧区名寺石室禅院	1.第四课时的单元活动作业设计结合了本册第9课《图文并茂》,运用绘画、立体纸艺的技法表现自己编辑的介绍中国古代建筑的立体书 2.作业活动设计融合了绘画、立体手工、文本编辑、朗诵,体现了学科的融合性。培养学生的综合运用能力,在展现作品时产生浓浓的自豪感和成就感,提升学生的人文素养 3.拓展活动设计:发现在学生身边的著名寺院,体现了美术教育的人文性,渗透爱家乡爱祖国的情感教育
第五课时	《服装上的中国古代建筑》	1.运用中国古代建筑的独特元素,设计一件富有中国特色的服装 2.中国古代建筑元素在服装设计上的设计思维方法 3.结合服装设计的思维方式,尝试与生活相结合	1.课中:完成设计构思学习表 2.活动:"服装中国风";构思:提炼中国古代建筑的代表元素:屋檐、斗拱、神兽、造景、漏窗、寓意等;表现形式:穿插、排列、替代 3.拓展活动:运用中国古代建筑的知识美化、设计环境、学习桌——家中一角	1.第五课时的单元活动作业设计是在本册第8课《我设计的服装》的基础上融合了本单元的主题内容。单元活动作业要求运用中国古代建筑的元素、学习美术设计的思维设计,像设计师一样设计一件有中国古代建筑元素的服装 2.通过本次的单元活动作业设计大胆地把建筑和服装设计相融合,使本单元的主题和生活相联系在一起。开拓了学生的美术视野的同时也形成一种创造意识,学生在多元的美术表现中感受祖国文化的精华,培养学生的爱国情感 3.拓展活动设计:运用中国古代建筑的美学观布置家中摆设。这些活动将课内单元学习活动与学生的生活联系在一起,加强了美术的应用性,体现了美术教育的延续

三、“悦读中国古代建筑”单元作业设计内容

1.第一课时《故宫之美》

(1)《故宫之美》学习单

<table>
<tr><td>班级</td><td></td><td>记录人</td><td></td><td>记录时间</td><td></td></tr>
<tr><td>学习主题</td><td colspan="5">《故宫之美》学习单</td></tr>
<tr><td>需要解答的问题</td><td colspan="5">
<table>
<tr><td>建筑名称</td><td>建筑图片</td><td>功能</td><td>结构、技术</td><td>造型</td><td>细部</td><td>象征意义</td></tr>
<tr><td>太和殿</td><td></td><td></td><td></td><td></td><td></td><td></td></tr>
<tr><td>祈年殿</td><td></td><td></td><td></td><td></td><td></td><td></td></tr>
</table>
1.故宫布局的特点是：______________________________
____
2.故宫只有太和殿屋脊上的脊兽是十只，这体现了中国宫殿式建筑的(　　　　)性？
3.太和殿屋脊上的十只脊兽分别是：______________________________
____
4.中国古代建筑的象征性：
祈年殿采用的是(　　　　)的构造形式，建筑独特，没有用到一根大梁和长钉。祈年殿内里圈的4根鎏金通天柱叫“龙井柱”，象征着一年的(　　　　)。中间一圈的12根朱红金柱，象征一年的(　　　　)。最外一圈的12根柱，象征一年的(　　　　)。
5.小组归纳：外形　色彩　中国文化
圆形、三重檐尖顶　镏金、蓝瓦、红柱　天圆地方
</td></tr>
<tr><td>我的收获</td><td colspan="5"></td></tr>
</table>

(2)作业记录表

<table>
<tr><td>活动要求</td><td colspan="7">线描表现、对话表现、美术小报，选择自己喜欢或擅长的美术形式来表现故宫的细节美</td></tr>
<tr><td>班级</td><td></td><td>学生姓名</td><td></td><td>作品名称</td><td></td><td>表现技法</td><td></td></tr>
<tr><td colspan="8">我想要表现：</td></tr>
<tr><td colspan="7">作品：</td><td>我作品的难度：
☆☆☆☆☆
☆☆☆☆
☆☆☆
☆☆</td></tr>
</table>

2.第二课时《中国园林建筑之美》

(1)学习单

<table>
<tr><td>班级</td><td></td><td>记录人</td><td></td><td>记录时间</td><td></td></tr>
<tr><td>学习主题</td><td colspan="5">《中国园林建筑之美》课中学习单</td></tr>
<tr><td>需解答的问题</td><td colspan="5">一、学习记录
1.园林的分类：________、________。
2.园林的构园要素有：________________
3.园林的造林手法有：________________
二、小组讨论
<table><tr><td>建筑</td><td>规模布局</td><td>建筑风格</td><td>思想内涵</td><td>艺术感受</td></tr><tr><td>园林</td><td></td><td></td><td></td><td></td></tr><tr><td>故宫</td><td></td><td></td><td></td><td></td></tr></table></td></tr>
</table>

续表

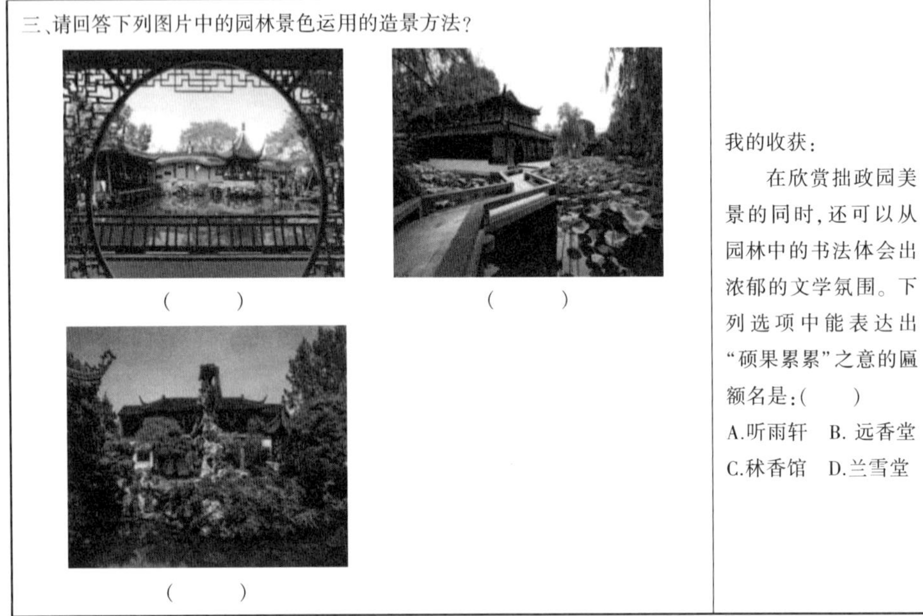

三、请回答下列图片中的园林景色运用的造景方法？ （　　）　（　　） （　　）	我的收获： 在欣赏拙政园美景的同时，还可以从园林中的书法体会出浓郁的文学氛围。下列选项中能表达出“硕果累累”之意的匾额名是：（　　） A.听雨轩　B. 远香堂 C.秋香馆　D.兰雪堂

(2)作业记录表

活动要求	运用捏、塑、刻、围、印、绕制作一件表现园林建筑特征的泥塑作品		
班级		小组成员	
作品名称			
我想要表现：			
作品：			我们的得意之处： 我们的开心指数： ☆☆☆☆☆

3.第三课时《中国古代民居建筑之美》

(1)学习单

<table>
<tr><td>班级</td><td></td><td>记录人</td><td></td><td>记录时间</td><td></td></tr>
<tr><td>学习主题</td><td colspan="5">《中国古代民居建筑之美》</td></tr>
<tr><td>需解答的问题</td><td colspan="5">1.什么叫民居?
2.故宫属于(　　　　　)建筑。
3.原始人居住的房屋叫(　　　　　)。
4.连线题
云南　　　福建土楼　　　北京四合院　　　黄土高原

窑洞式　　"一棵印"民居　"中轴对称式"　　"围龙屋"
5.中国古代民居的文化内涵是:(　　)
A.诗意山水　　B.融于自然　　C.等级表现</td></tr>
<tr><td>说一说</td><td colspan="5">请把我国民居建筑知识说给同桌听
你知道我国有哪些著名的民居:____________________
你喜欢民居是:____________________
它最吸引你的建筑风格是:____________________</td></tr>
</table>

(2)作业记录表

<table>
<tr><td>活动要求</td><td colspan="3">运用捏、塑、刻、围、印、绕制作一件表现古民居建筑特征的泥塑作品</td></tr>
<tr><td>班级</td><td></td><td>小组成员</td><td></td></tr>
<tr><td>作品名称</td><td colspan="3"></td></tr>
<tr><td colspan="4">我们想要表现:</td></tr>
<tr><td>我们的得意之处:</td><td colspan="3"></td></tr>
</table>

4.第四课时《中国古代寺庙、塔建筑》

(1)学习单

班级		记录人		记录时间	
学习主题	“悦读中国古代建筑”美术单元第四课时:《中国古代寺庙、塔建筑》				
需要解答的问题	1.教材中分别介绍了哪些寺庙、塔? ____________ 2. 中国四大名塔:(　　　)、(　　　)、(　　　)、(　　　)。 3.寺庙大多建在山林之中,是为了追求人与自然合二为一,体现了中国古代寺庙(　　)的文化内涵。 A.诗意山水　B.天人合一　C.等级表现 4.连线题 布达拉宫　　孔庙　　法门寺 “皇家寺庙”　“喇嘛教寺庙建筑”　“祭祀孔子的庙宇”				
大胆说	1.在学过的古代建筑类型中有两类的布局都是中心轴对称式:____________ 2.请你分别用一个词语来形容故宫、拙政园、土楼、孔庙:____________ ____________ 3.大胆地运用学习过的知识向同学介绍一种中国古代建筑:____________				

(2)作业记录表

班级		小组成员		拓展活动内容	表现美:中国古代建筑立体书
小组讨论分工	1.立体书的主题:(故宫、园林、民居、寺庙、塔,任选一个主题)				
	2.图文资料分配:				
	3.绘画分工安排:				
	4.立体书的小机关制作分工安排:				
	5.后期拍摄讲解文案、表演、拍摄人员安排:				
我们的作品:			作品介绍:		

5.第五课时《服装上的中国古代建筑》

(1)学习单

<table>
<tr><td>活动要求</td><td colspan="5">运用中国古建筑的代表元素设计一件服装</td></tr>
<tr><td>作品名称</td><td colspan="2"></td><td>班级</td><td></td><td>姓名</td></tr>
<tr><td colspan="6">我们想要表现：</td></tr>
<tr><td>设计元素：</td><td rowspan="2">设计说明：</td><td colspan="4" rowspan="2">作品：</td></tr>
<tr><td></td></tr>
</table>

(2)作业记录表

<table>
<tr><td>班级</td><td colspan="2"></td><td>记录人</td><td></td><td>记录时间</td><td></td></tr>
<tr><td>学习主题</td><td colspan="6">“悦读中国古代建筑”美术单元第五课时:《服装上的中国古代建筑》</td></tr>
<tr><td rowspan="5">中国古代建筑代表元素梳理</td><td></td><td>布局</td><td>色彩</td><td>代表构件</td><td>造景方法</td><td>典型图案</td></tr>
<tr><td>故宫</td><td></td><td></td><td></td><td></td><td rowspan="4"></td></tr>
<tr><td>园林</td><td></td><td></td><td></td><td></td></tr>
<tr><td>古民居</td><td></td><td></td><td></td><td></td></tr>
<tr><td>寺庙、塔</td><td></td><td></td><td></td><td></td></tr>
<tr><td>我的设计思路</td><td colspan="6">作品名称:《　　　　　　》
1.服装的款式：　　　　2 服装的色彩：
3.服装的风格：　　　　4.服装细节选用的建筑元素：</td></tr>
</table>

四、“悦读中国古代建筑”单元活动综合评价表

美术课程标准指出,美术课程评价应以学生在美术学习中的客观事实为基础,注重评价与教学的协调统一,尤其要加强形成性评价和自我评价。既要关注学生掌握美术知识、技能的情况,更要重视美术学习能力、学生态度、情感和价值观等方面的评价。

海沧区霞阳小学美术单元活动学生综合评价表

姓名:______ 班级:______ 学习内容:“悦读中国古代建筑”单元

评价指标	评价标准	自评	组员互评	师评
学习兴趣	兴趣浓厚,注意力十分集中,活动积极性很高 ☆☆☆			
	有兴趣,注意力比较集中,能够参加活动 ☆☆			
	无兴趣,不积极参加活动,我行我素 ☆			
学习态度	课前准备很充分,课堂及创作认真、细致 ☆☆☆			
	课前有一定的准备,课堂及创作较认真 ☆☆			
	课前没有准备,课堂及创作不认真 ☆			
合作学习	课中积极参与,善于合作,乐于参加合作学习 ☆☆☆			
	课中能够参与,有一定的合作意识,能参与合作学习 ☆☆			
	课中不愿参与,合作意识较差,不愿参与合作学习 ☆			
学科技能	能大胆、有想法地运用本课知识技能很快地完成作品,有想法地表现本课美术知识元素 ☆☆☆			
	能按作业要求按时完成,基本符合要求,能表现出本课美术知识元素 ☆☆			
	作品不能按时完成,不符合要求,不能表现出本课美术知识元素 ☆			

海沧区霞阳小学学生美术单元活动各课时学习活动评价表

姓名:______ 班级:______ 学习内容:“悦读中国古代建筑”单元

评价指标	评价标准	自评	组员互评	师评
图像识读	能认识图像的含义及其表达的图像知识、观念和情感 ☆☆☆☆☆ ☆☆☆ ☆☆☆			
	是否学会理解、欣赏图像的方法 ☆☆☆☆☆ ☆☆☆ ☆☆☆			
美术表现	是否学会作品欣赏的迁移式的美术方法 ☆☆☆☆☆ ☆☆☆ ☆☆☆			
	是否能表现对美术作品的感受和想法 ☆☆☆☆☆ ☆☆☆ ☆☆☆			
态度审美	是否乐于参加学习活动 ☆☆☆☆☆ ☆☆☆ ☆☆☆			
	是否有形成多元的审美意识 ☆☆☆☆☆ ☆☆☆ ☆☆☆			
创想能力	能否运用适当的语言表述对美术作品的理解与感受,是否会和他人交流 ☆☆☆☆☆ ☆☆☆ ☆☆☆			
	能独立运用美术技法创作自己的美术作品 ☆☆☆☆☆ ☆☆☆ ☆☆☆			

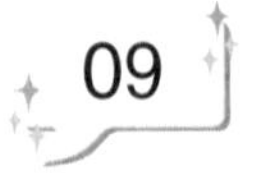

古风新韵

——人音版小学《音乐》六年级下册第一单元"活动作业"编制说明

厦门外国语学校海沧附属学校 林小婷

人音版六年级下册第一单元以"古风新韵"为主题，旨在让学生在吟诵诗词与演唱古诗词歌曲中，感受音乐中诗词所表现的意境，体会诗词韵律与音乐旋律之间的密切关系。

本单元含 4 首作品，根据音乐流传时代与情绪特点分为两个课时。第一课时以情感认知体验为主线，结合乐曲欣赏与歌曲演唱感受体验。内容含古琴曲《关山月》，古诗词歌曲《游子吟》。古琴曲《关山月》，汉代乐府歌曲，将 3000 多年历史的古老乐器"带"到学生面前，了解古琴的外形特点与演奏方法，聆听音色特点，感受琴曲旋律与唐代诗人李白《关山月》诗句的融合，体会古代边防战士驻守边地而思念家乡的情感。古诗词歌曲《游子吟》是由当代著名作曲家谷建芬为唐代诗人孟郊所写的五言古体诗谱曲，运用两段不同的旋律呈现古诗，表达离乡游子对母爱的感激与感恩之心。第二课时以诗词传承中不同歌曲种类体验为主线，结合两首歌曲聆听演唱体验。内容含艺术歌曲《花非花》，流行歌曲《但愿人长久》。艺术歌曲《花非花》是我国音乐教育家、作曲家黄自为唐朝诗人白居易的诗集《常庆集》中《花非花》选段创作的一首艺术歌曲，依字行腔，使歌曲犹如在吟诵，在吟诵中感知词曲之间声调与旋律的紧密关系，保持朦胧感与意象感，表达对美好事物与人情的追念与惋惜。流行歌曲《但愿人长久》，由台湾著名作曲人梁弘志为北宋词人苏轼的《水调歌头》谱曲，邓丽君首唱。根据词的上下阕分为两个乐段，表现"月圆之时人孤单"的情景，表达了对现实无奈又豁达的情感。

六年级学生有较强的感受与鉴赏能力，基本能感知音乐主题、乐句乐段的变化，进而感受音乐情绪的不同，感受音乐风格的不同；在表现创造方面，能用准确的节奏和音调有表情地演唱，基本能选择适当的音响及演奏方法表现乐曲情绪，或与他人合作；认识了常见的音符、休止符及音乐记号，基本能运用并创作2~4小节节奏或旋律进行哼唱；在音乐与相关文化方面，关注促进学生生活中的音乐体验，通过音乐强化已学的语文古诗词情感体验与表达，拓展了解历史不同时期文化等相关内容。

本单元活动类作业设计以音乐课程标准为依据，结合单元教学内容与学生已有知识技能储备情况，设计动手创造、合作表演等相关的课内与课后音乐活动。

1.自制乐器，模拟演奏，如图1借助身边生活物品，模仿图片，根据古琴琴弦音高位置设计自制乐器，再根据旋律跟着录音模拟演奏。

看简谱，边唱谱边跟着录音模拟演奏《游子吟》旋律（注意琴弦音高位置）

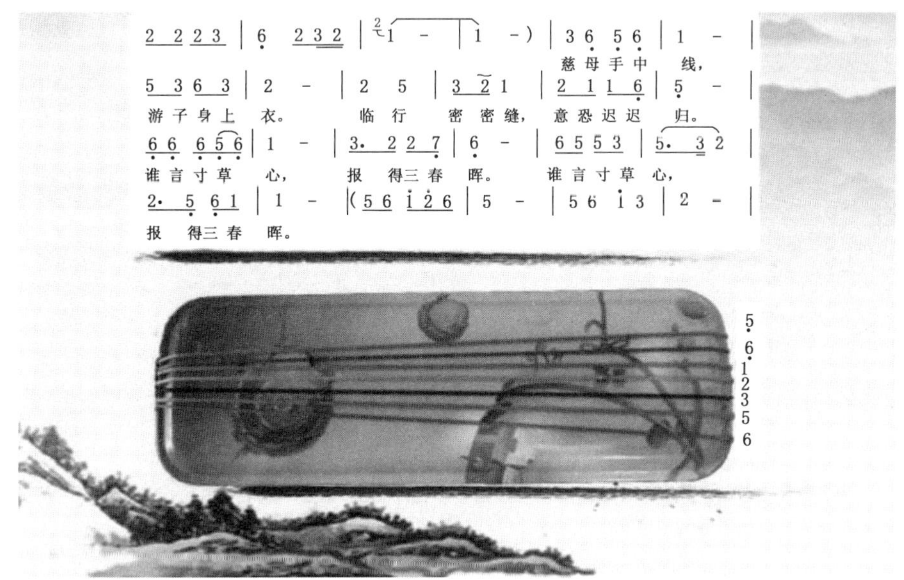

图1 《游子吟》

2.选择合适的音乐配乐诗朗诵(图 2)。

图 2 配乐诗朗诵

3.观看优秀音乐节目(图 3)，尝试设计不同演唱形式与家人合作演唱歌曲。

观看央视《经典咏流传》了解更多的古诗新唱作品，设计不同的演唱形式与家人合作演唱《花非花》或《但愿人长久》。

图 3 合作演唱

4.根据已学古诗词语调读读唱唱，选择合适的选项填充编创旋律(图4)。

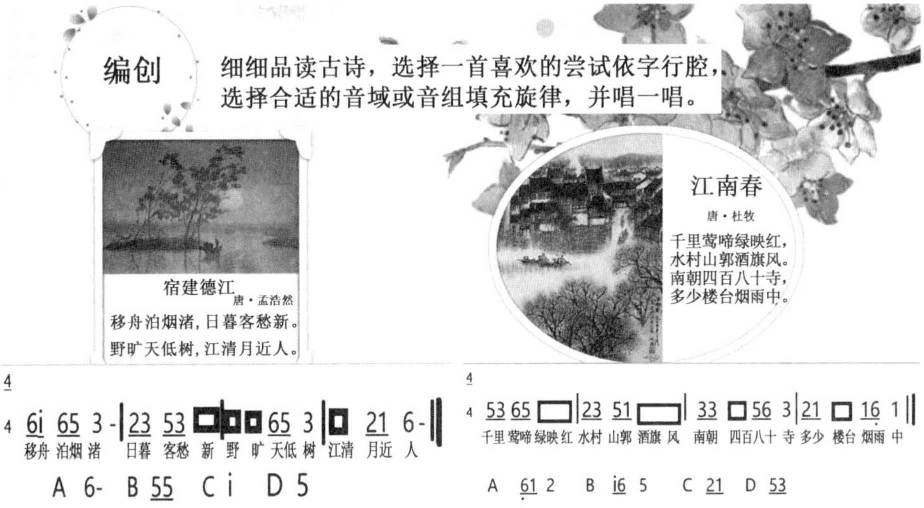

编创　细细品读古诗，选择一首喜欢的尝试依字行腔，选择合适的音域或音组填充旋律，并唱一唱。

宿建德江
唐·孟浩然
移舟泊烟渚，日暮客愁新。
野旷天低树，江清月近人。

江南春
唐·杜牧
千里莺啼绿映红，水村山郭酒旗风。
南朝四百八十寺，多少楼台烟雨中。

4/4 6i 65 3 - | 23 53 □ | □ □ 65 3 | □ 21 6 - ‖
移舟 泊烟 渚 日暮 客愁 新 野 旷 天低 树 江清 月近 人

A 6- B 55 C i D 5

4/4 53 65 □ | 23 51 □ | 33 □ 56 3 | 21 □ 16 1 ‖
千里 莺啼 绿映 红 水村 山郭 酒旗 风 南朝 四百八十 寺 多少 楼台 烟雨 中

A 61 2 B i6 5 C 21 D 53

图4 编创旋律

设计多种循序渐进的音乐活动，旨在通过感受与鉴赏、表现、创造、音乐与相关文化4个领域音乐活动强化拓展音乐感受及实践，拓宽文化视野，感受中华民族文化的经典及民族音乐文化的多样风格，提高人文素养。

活动内容按感受与鉴赏、表现、创造、音乐与相关文化分4个活动领域，对应活动呈现类型自制、演唱录音、表演视频、旋律编创等反馈形式。根据学生不同层次能力，设置不同难度值作业内容，学生根据自己的兴趣与音乐素养能力自主自愿选择完成。不同难度值与形式面向全体学生，学生可以根据表格选择完成部分或全部内容，在实践中培养音乐兴趣，提高多项音乐能力，提高人文素养，学有所获。

◆单元活动作业设计

一、单元作业双向分析评估

《古风新韵》活动类作业双向维度表如表 1 所示。

表 1 活动类作业双向维度表

<table>
<tr><th>序号</th><th>课后活动内容</th><th colspan="2">感知领域</th><th colspan="2">呈现形式</th><th>难易度</th><th>活动数量</th><th>活动时长</th></tr>
<tr><td rowspan="4">1</td><td rowspan="4">“我的麦我做主”
结合六年级上册学过的 3 首古诗词内容意境,选择合适的音乐连连看,配乐诗朗诵</td><td>感受与鉴赏</td><td>√</td><td>自制乐器划“图形谱”</td><td></td><td rowspan="4">中等难度,针对全体学生。能在朗诵和聆听音乐后选择合适的音乐片段配乐诗朗诵。表达自己的情感</td><td rowspan="4">1</td><td rowspan="4">12 分钟</td></tr>
<tr><td>表现</td><td>√</td><td>朗诵、律动</td><td>√</td></tr>
<tr><td>创造</td><td></td><td>演唱、演奏</td><td></td></tr>
<tr><td>音乐与相关文化</td><td>√</td><td>编创旋律</td><td></td></tr>
<tr><td rowspan="4">2</td><td rowspan="4">“我是小能手”
准备合适的材料,自制乐器,根据琴弦音高位置模仿演奏</td><td>感受与鉴赏</td><td>√</td><td>自制乐器划“图形谱”</td><td>√</td><td rowspan="4">较容易,针对全体学生。能根据课上了解的古琴相关知识,结合参考图片准备材料,自制乐器</td><td rowspan="4">1</td><td rowspan="4">6 分钟</td></tr>
<tr><td>表现</td><td></td><td>朗诵、律动</td><td></td></tr>
<tr><td>创造</td><td>√</td><td>演唱、演奏</td><td>√</td></tr>
<tr><td>音乐与相关文化</td><td>√</td><td>编创旋律</td><td></td></tr>
<tr><td rowspan="4">3</td><td rowspan="4">“音乐变图画”
选择学过的古诗歌曲如《咏鹅 》《春晓》《静夜思》,用动作划出图形谱</td><td>感受与鉴赏</td><td>√</td><td>自制乐器划“图形谱”</td><td>√</td><td rowspan="4">较简单,面对全体学生。结合课上学习理解诗词声调与歌曲旋律的关系,将学过的古诗词歌曲旋律徒手用动作划出图形谱</td><td rowspan="4">1</td><td rowspan="4">5 分钟</td></tr>
<tr><td>表现</td><td></td><td>朗诵、律动</td><td></td></tr>
<tr><td>创造</td><td>√</td><td>演唱、演奏</td><td></td></tr>
<tr><td>音乐与相关文化</td><td>√</td><td>编创旋律</td><td></td></tr>
</table>

续表

<table>
<tr><th>序号</th><th>课后活动内容</th><th colspan="2">感知领域</th><th colspan="2">呈现形式</th><th>难易度</th><th>活动数量</th><th>活动时长</th></tr>
<tr><td rowspan="4">4</td><td rowspan="4">“唱唱奏奏”
用自制古琴乐器，边唱《游子吟》旋律边模拟演奏</td><td>感受与鉴赏</td><td>√</td><td>自制乐器划“图形谱”</td><td>√</td><td rowspan="4">较难，针对中等以上学生。能巩固课上歌曲《游子吟》的学习，准确识谱，唱谱。并能根据古琴7根琴弦音高的位置模拟演奏，加深印象</td><td rowspan="4">1</td><td rowspan="4">10分钟</td></tr>
<tr><td>表现</td><td>√</td><td>朗诵、律动</td><td></td></tr>
<tr><td>创造</td><td>√</td><td>演唱、演奏</td><td>√</td></tr>
<tr><td>音乐与相关文化</td><td>√</td><td>编创旋律</td><td></td></tr>
<tr><td rowspan="4">5</td><td rowspan="4">“ 我是导演听我的”
观看央视《经典咏流传》，了解更多的古诗新唱作品，尝试设计不同的演唱形式与家人合作表演《花非花》或《但愿人长久》</td><td>感受与鉴赏</td><td>√</td><td>自制乐器划“图形谱”</td><td></td><td rowspan="4">中等难度，针对全体学生。能在拓展欣赏优秀音乐作品后，积累感受音乐的多样性，感受不同情感表达。结合自己的感受敢于在家人面前表达情感与想法，乐于与家人合作表演</td><td rowspan="4">1</td><td rowspan="4">15分钟</td></tr>
<tr><td>表现</td><td>√</td><td>朗诵、律动</td><td>√</td></tr>
<tr><td>创造</td><td>√</td><td>演唱、演奏</td><td>√</td></tr>
<tr><td>音乐与相关文化</td><td>√</td><td>编创旋律</td><td></td></tr>
<tr><td rowspan="4">6</td><td rowspan="4">“ 我是小小作曲家”
在两首古诗中选择一首细细品读，尝试依字行腔，选择合适的音符或音组填充完整旋律，并唱一唱</td><td>感受与鉴赏</td><td></td><td>自制乐器划“图形谱”</td><td>√</td><td rowspan="4">较难。针对中等以上学生。能用积累的识谱能力、编创方法、较准确音准等音乐素养能力为自己喜欢的古诗选择合适的音符选项填充编创旋律，并演唱</td><td rowspan="4">1</td><td rowspan="4">10分钟</td></tr>
<tr><td>表现</td><td>√</td><td>朗诵、律动</td><td></td></tr>
<tr><td>创造</td><td>√</td><td>演唱、演奏</td><td>√</td></tr>
<tr><td>音乐与相关文化</td><td>√</td><td>编创旋律</td><td>√</td></tr>
</table>

二、单元作业设计、属性分析及活动评价

小学《音乐》单活动类作业设计如表2所示，单元活动评价总结如表3所示。

表2 小学《音乐》单元活动类作业设计

教材来源	人民音乐出版社
单元名称	《古风新韵》
总目标	1.情感态度与价值观：感受中华民族文化的经典，扩宽文化视野 2.过程与方法：体验琴歌，配乐诗朗诵，感受古诗词新唱的韵味，模仿演奏或演唱 3.知识与技能：了解古诗词作品的创作背景，感受古琴的音色特点，理解音乐要素的表现作用，能在音乐中表达自己的感受与情感
课时数	2课时
课时1 动手操作，感受表现活动	
对应曲目	古琴曲《关山月》、唐诗合唱歌曲《游子吟》
教学内容	1.朗诵唐诗《关山月》，体会边关战士的孤苦 2.认知古琴，了解古琴的外形与演奏方法，感受古琴音色的悠远 3.吟唱琴曲，表达战士对家乡亲人的思念之情 4.朗诵唐诗《游子吟》，体会母子离别的深情 5.认识作曲家，感受诗词声调与旋律的相似 6.演唱歌曲，表达游子对母亲的思念与感恩之情
课堂环节	一、朗诵古诗感受意境 1.看图片，想象人物心情  2.师生讨论想象的场景画面 3.为图片配上古诗，读古诗，感受人物情绪

续表

<table>
<tr>
<td>课堂活动</td>
<td>活动：配乐诗朗诵（体验型）

驻守边关，想念家乡及亲人

异乡打拼，想念母亲</td>
</tr>
</table>

续表

课后活动	活动:“我的麦我做主”(表现型) 诵读六年级上册学过的 3 首古诗词,选择合适的音乐,配乐诗朗诵  古琴独奏《关山月》　钢琴协奏曲《黄河颂》  交响诗《魔法师的弟子》  琵琶独奏《雨碎江南》 准备材料: 1.语文上册课本、打印 3 首古诗或下载电子版古诗 2.下载 4 首音乐 操作方法: 1.有感情地复习朗读古诗 2.再聆听 4 首音乐作品 3.根据诗词内容与情绪特点选择 3 首合适的音乐对应古诗连连看,配乐诗朗诵
课堂环节	二、观看微课感知古琴 1.了解古琴的历史,“高山流水觅知音”的故事 2.认识古琴的外形,演奏方法,聆听音色

续表

<table>
<tr><td>课堂活动</td><td>活动:观看琴曲《关山月》演奏演唱视频,徒手模仿演奏姿势与演奏方法。(体验型)

</td></tr>
<tr><td>课后活动</td><td>活动:“我是小能手”(创造型)自制乐器,参考图片
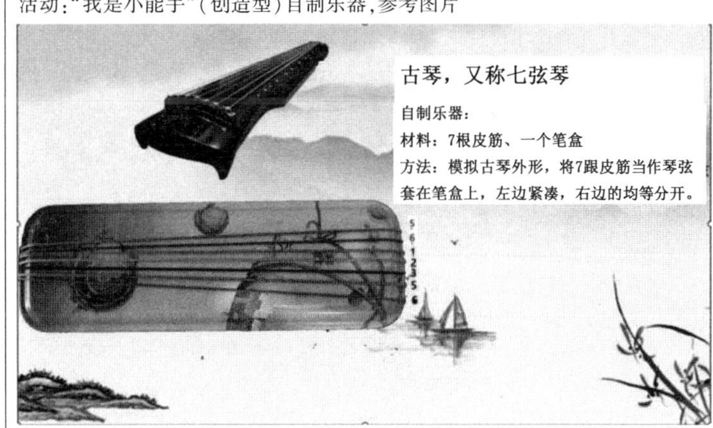

准备材料:
1.选择适合模拟琴身的生活物品,比如铅笔盒、鞋盒、木板等 1 个
2.选择适合模拟琴弦的生活物品,比如弹性较好的皮筋、毛线等 7~10 条(避免制作时损坏缺失)
操作方法:
1.将寻找到的合适模拟琴弦的物品套或绑在模拟琴身的物品上,注意左边琴弦紧凑但不靠在一起,右边琴弦均等分开。在每条琴弦下琴身上位置可从低到高标注琴弦音高,方便记忆与模拟演奏
2.制作完成后可播放古琴曲《关山月 》,调整坐姿,注意演奏姿势,边听音乐边拨动“琴弦”模仿演奏(为下一活动识谱模拟演奏《游子吟》旋律做铺垫)</td></tr>
</table>

续表

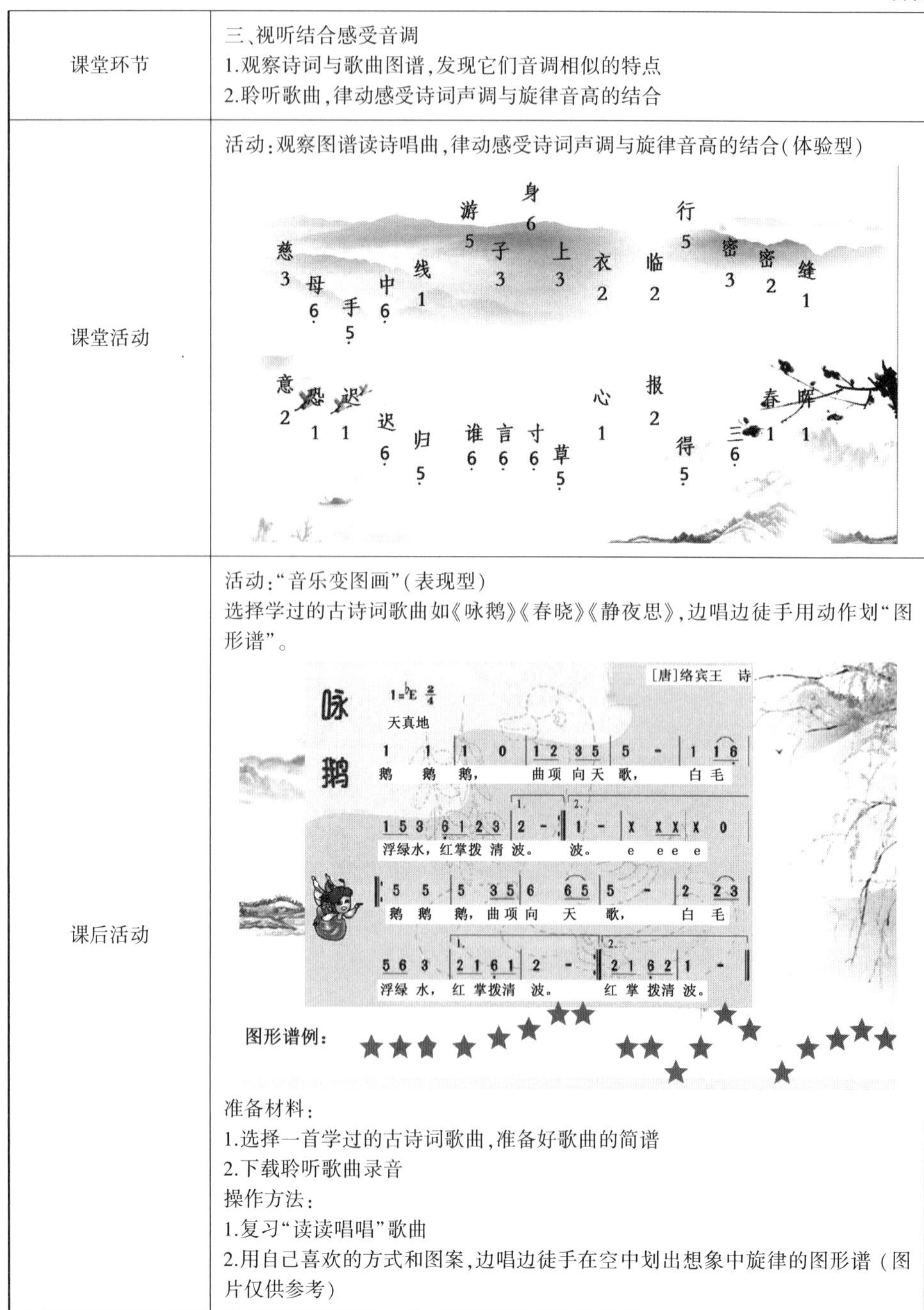

课堂环节	三、视听结合感受音调 1.观察诗词与歌曲图谱，发现它们音调相似的特点 2.聆听歌曲，律动感受诗词声调与旋律音高的结合
课堂活动	活动：观察图谱读诗唱曲，律动感受诗词声调与旋律音高的结合（体验型）
课后活动	活动：“音乐变图画”（表现型） 选择学过的古诗词歌曲如《咏鹅》《春晓》《静夜思》，边唱边徒手用动作划“图形谱”。 准备材料： 1.选择一首学过的古诗词歌曲，准备好歌曲的简谱 2.下载聆听歌曲录音 操作方法： 1.复习“读读唱唱”歌曲 2.用自己喜欢的方式和图案，边唱边徒手在空中划出想象中旋律的图形谱（图片仅供参考）

续表

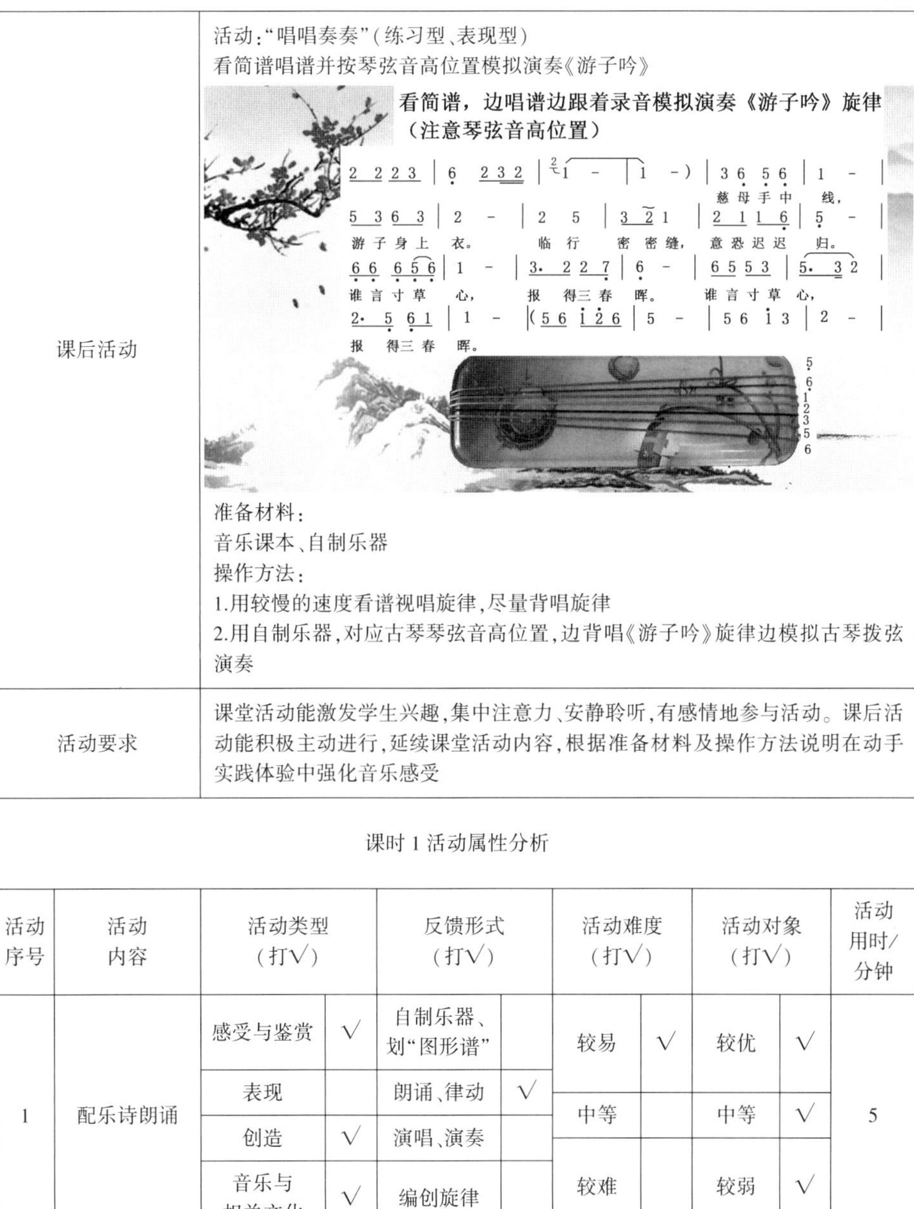

课后活动	活动："唱唱奏奏"（练习型、表现型） 看简谱唱谱并按琴弦音高位置模拟演奏《游子吟》 准备材料： 音乐课本、自制乐器 操作方法： 1.用较慢的速度看谱视唱旋律，尽量背唱旋律 2.用自制乐器，对应古琴琴弦音高位置，边背唱《游子吟》旋律边模拟古琴拨弦演奏
活动要求	课堂活动能激发学生兴趣，集中注意力、安静聆听，有感情地参与活动。课后活动能积极主动进行，延续课堂活动内容，根据准备材料及操作方法说明在动手实践体验中强化音乐感受

课时 1 活动属性分析

活动序号	活动内容	活动类型（打√）		反馈形式（打√）		活动难度（打√）		活动对象（打√）		活动用时/分钟
1	配乐诗朗诵	感受与鉴赏	√	自制乐器、划"图形谱"		较易	√	较优	√	5
		表现		朗诵、律动	√	中等		中等	√	
		创造	√	演唱、演奏		较难		较弱	√	
		音乐与相关文化	√	编创旋律						

续表

<table>
<tr><td rowspan="4">2</td><td rowspan="4">“我的麦
我做主”</td><td>感受与鉴赏</td><td>√</td><td>自制乐器、划“图形谱”</td><td></td><td>较易</td><td></td><td>较优</td><td>√</td><td rowspan="4">12</td></tr>
<tr><td>表现</td><td>√</td><td>朗诵、律动</td><td></td><td rowspan="2">中等</td><td rowspan="2">√</td><td rowspan="2">中等</td><td rowspan="2">√</td></tr>
<tr><td>创造</td><td></td><td>演唱、演奏</td><td>√</td></tr>
<tr><td>音乐与
相关文化</td><td>√</td><td>编创旋律</td><td></td><td>较难</td><td></td><td>较弱</td><td></td></tr>
<tr><td rowspan="4">3</td><td rowspan="4">观看琴曲《关山月》演奏及演唱视频，徒手模仿演奏姿势与演奏方法</td><td>感受与鉴赏</td><td>√</td><td>自制乐器、划“图形谱”</td><td></td><td>较易</td><td>√</td><td>较优</td><td>√</td><td rowspan="4">3</td></tr>
<tr><td>表现</td><td>√</td><td>朗诵、律动</td><td>√</td><td rowspan="2">中等</td><td rowspan="2"></td><td rowspan="2">中等</td><td rowspan="2">√</td></tr>
<tr><td>创造</td><td></td><td>演唱、演奏</td><td>√</td></tr>
<tr><td>音乐与
相关文化</td><td>√</td><td>编创旋律</td><td></td><td>较难</td><td></td><td>较弱</td><td>√</td></tr>
<tr><td rowspan="4">4</td><td rowspan="4">“我是小能手”</td><td>感受与鉴赏</td><td>√</td><td>自制乐器、划“图形谱”</td><td>√</td><td>较易</td><td>√</td><td>较优</td><td>√</td><td rowspan="4">6</td></tr>
<tr><td>表现</td><td></td><td>朗诵、律动</td><td></td><td rowspan="2">中等</td><td rowspan="2"></td><td rowspan="2">中等</td><td rowspan="2">√</td></tr>
<tr><td>创造</td><td>√</td><td>演唱、演奏</td><td>√</td></tr>
<tr><td>音乐与
相关文化</td><td>√</td><td>编创旋律</td><td></td><td>较难</td><td></td><td>较弱</td><td>√</td></tr>
<tr><td rowspan="4">5</td><td rowspan="4">观察图谱读诗唱曲，律动感受诗词声调与旋律音高的结合</td><td>感受与鉴赏</td><td>√</td><td>自制乐器、划“图形谱”</td><td>√</td><td>较易</td><td>√</td><td>较优</td><td>√</td><td rowspan="4">5</td></tr>
<tr><td>表现</td><td>√</td><td>朗诵、律动</td><td>√</td><td rowspan="2">中等</td><td rowspan="2"></td><td rowspan="2">中等</td><td rowspan="2">√</td></tr>
<tr><td>创造</td><td></td><td>演唱、演奏</td><td></td></tr>
<tr><td>音乐与
相关文化</td><td>√</td><td>编创旋律</td><td></td><td>较难</td><td></td><td>较弱</td><td>√</td></tr>
<tr><td rowspan="4">6</td><td rowspan="4">“音乐变图画”</td><td>感受与鉴赏</td><td>√</td><td>自制乐器、划“图形谱”</td><td>√</td><td>较易</td><td>√</td><td>较优</td><td>√</td><td rowspan="4">5</td></tr>
<tr><td>表现</td><td></td><td>朗诵、律动</td><td></td><td rowspan="2">中等</td><td rowspan="2"></td><td rowspan="2">中等</td><td rowspan="2">√</td></tr>
<tr><td>创造</td><td>√</td><td>演唱、演奏</td><td></td></tr>
<tr><td>音乐与
相关文化</td><td>√</td><td>编创旋律</td><td></td><td>较难</td><td></td><td>较弱</td><td>√</td></tr>
</table>

续表

<table>
<tr><td rowspan="4">7</td><td rowspan="4">“唱唱奏奏”</td><td>感受与鉴赏</td><td>√</td><td>自制乐器、划“图形谱”</td><td>√</td><td rowspan="2">较易</td><td rowspan="2"></td><td rowspan="2">较优</td><td rowspan="2">√</td><td rowspan="4">10</td></tr>
<tr><td>表现</td><td>√</td><td>朗诵、律动</td><td></td></tr>
<tr><td>创造</td><td>√</td><td>演唱、演奏</td><td>√</td><td>中等</td><td>√</td><td>中等</td><td>√</td></tr>
<tr><td>音乐与
相关文化</td><td></td><td>编创旋律</td><td></td><td>较难</td><td></td><td>较弱</td><td></td></tr>
<tr><td colspan="11">课时 2 拓展欣赏,研究实践活动</td></tr>
<tr><td colspan="2">对应曲目</td><td colspan="9">歌曲《花非花》《但愿人长久》</td></tr>
<tr><td colspan="2">教学内容</td><td colspan="9">1.聆听歌曲,感受诗人对美好事物与人情的追念
2.认识作曲家,了解艺术歌曲的特点
3.演唱歌曲,表达美好事物消逝的感伤之情
4.聆听歌曲,感受词曲作者面对不如意显示的乐观心态
5.认识作曲家,了解流行歌曲的特点
6.演唱歌曲,表达遭遇困境时自我安慰及对未来充满希望之情</td></tr>
<tr><td colspan="2">课堂环节</td><td colspan="9">对比聆听、拓展了解
1.聆听歌曲,感受面对人生不如意的情感抒发
2.找不同,简单区分艺术歌曲与流行歌曲
3.了解我国古诗词传承现状:介绍谷建芬、龚琳娜等艺术家致力于创作古诗词新唱作品,传承我国优秀传统文化</td></tr>
</table>

续表

课堂活动	活动:聆听歌曲,对比不同(体验型) 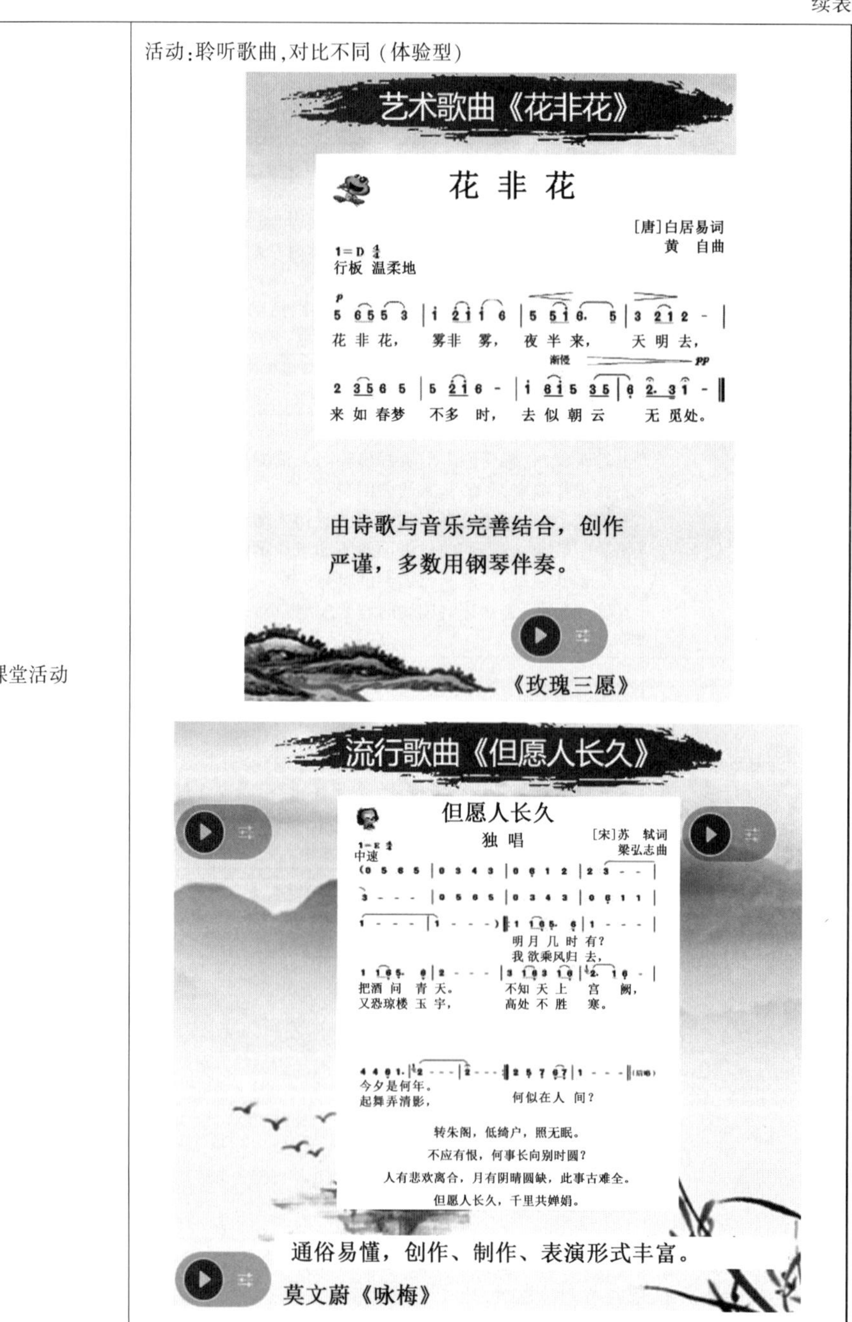

续表

<table>
<tr>
<td>课后活动</td>
<td>
活动:“我是导演听我的”(创造型、表现型)

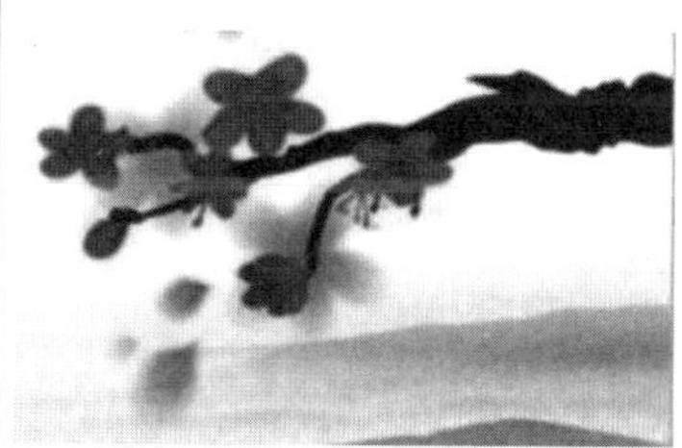

观看央视《经典咏流传》了解更多的古诗新唱作品，设计不同的演唱形式与家人合作演唱《花非花》或《但愿人长久》
准备材料:
1.打开电视机,搜索中央电视台综合频道《经典咏流传》节目
操作方法:
1.观看欣赏几首古诗新唱作品,听专家讲解古诗词相关内容历史故事,了解音乐家的创作与表演方式
2.模仿你喜欢的表演形式,尝试为歌曲《花非花》或《但愿人长久》设计不同的表演形式,邀请家人分工合作表演
</td>
</tr>
</table>

续表

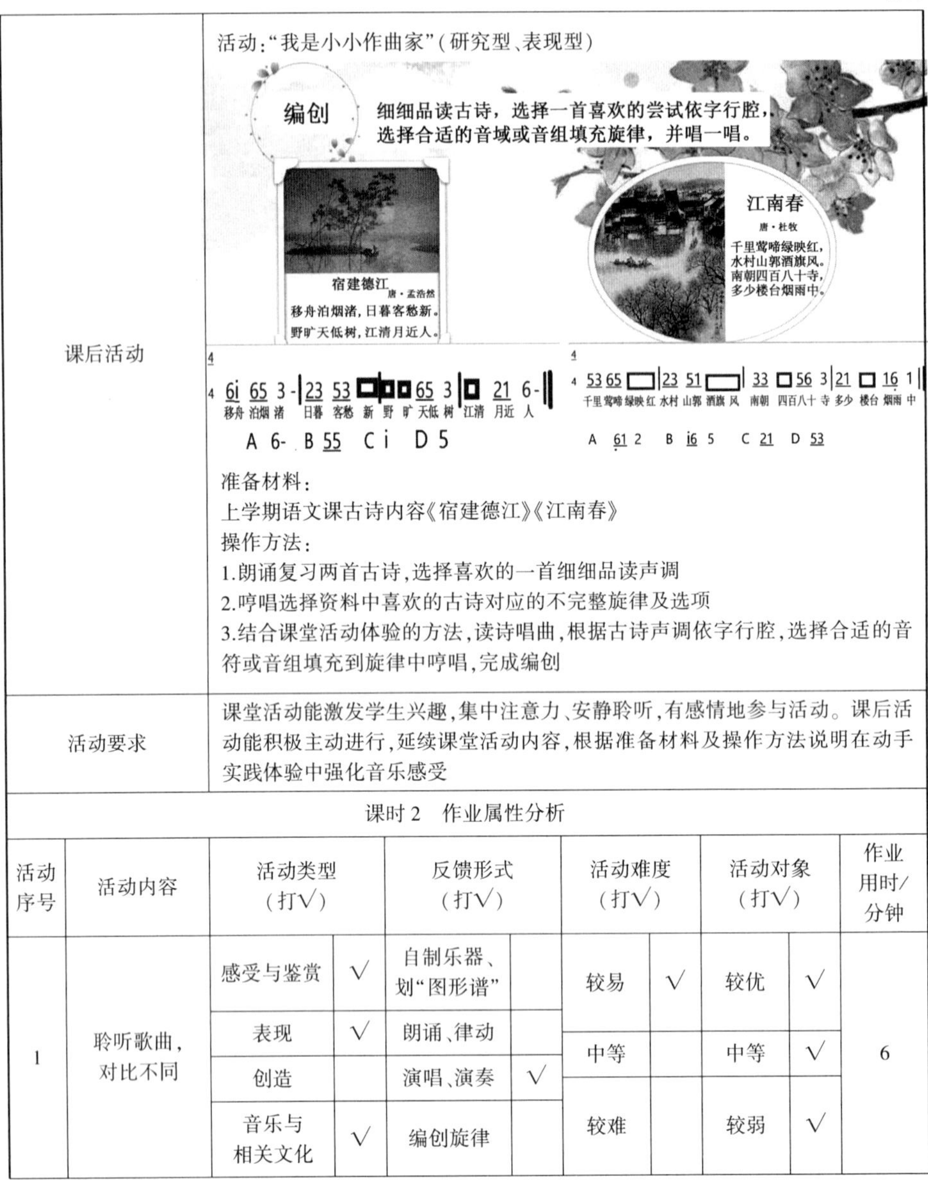

课后活动	活动："我是小小作曲家"（研究型、表现型） 准备材料： 上学期语文课古诗内容《宿建德江》《江南春》 操作方法： 1.朗诵复习两首古诗，选择喜欢的一首细细品读声调 2.哼唱选择资料中喜欢的古诗对应的不完整旋律及选项 3.结合课堂活动体验的方法，读诗唱曲，根据古诗声调依字行腔，选择合适的音符或音组填充到旋律中哼唱，完成编创
活动要求	课堂活动能激发学生兴趣，集中注意力、安静聆听，有感情地参与活动。课后活动能积极主动进行，延续课堂活动内容，根据准备材料及操作方法说明在动手实践体验中强化音乐感受

课时 2　作业属性分析

活动序号	活动内容	活动类型（打√）		反馈形式（打√）		活动难度（打√）		活动对象（打√）		作业用时/分钟
1	聆听歌曲，对比不同	感受与鉴赏	√	自制乐器、划"图形谱"		较易	√	较优	√	6
		表现	√	朗诵、律动		中等		中等	√	
		创造		演唱、演奏	√					
		音乐与相关文化	√	编创旋律		较难		较弱	√	

续表

2	“我是导演听我的”	感受与鉴赏	√	自制乐器、划“图形谱”		较易		较优	√	15
		表现	√	朗诵、律动	√	中等	√	中等	√	
		创造	√	演唱、演奏	√					
		音乐与相关文化	√	编创旋律		较难		较弱		
3	“我是小小作曲家”	感受与鉴赏		自制乐器、划“图形谱”		较易		较优	√	10
		表现	√	朗诵、律动		中等	√	中等	√	
		创造	√	演唱、演奏	√					
		音乐与相关文化	√	编创旋律	√	较难	√	较弱		

单元活动评价表(同学们,完成了一个单元的活动,快来给自己评评分吧)

序号	课后活动内容	评价标准	☆☆☆☆☆	☆☆☆☆	☆☆☆	☆☆	☆
1	“我的麦我做主”	能主动参与,养成聆听音乐的好习惯,在吟诵古诗和聆听音乐中找到表达的契合点,能选择合适的音乐有感情地配乐诗朗诵					
2	“我是小能手”	能主动搜集挑选合适的生活物品,动手操作,模拟制作古琴,模仿演奏					
3	“音乐变图画”	能结合已学过的古诗词歌曲,在演唱中加强感受旋律与诗词声调的相似。用自己喜欢的动作徒手用图谱形式表现旋律					
4	“唱唱奏奏”	能巩固练习演唱歌曲,熟练视唱,在自制古琴的基础上,结合记忆琴弦音高位置,边演唱边模拟演奏歌曲					

续表

5	“我是导演听我的”	在生活中养成观赏高雅艺术的好习惯，通过观看节目，了解丰富的表现形式，自信设计不同的表演形式，与家人合作表演歌曲					
6	“我是小小作曲家”	结合语文课堂学过的古诗，选择喜欢的一首，能多次吟诵，尝试依字行腔，通过识谱、演唱，选择合适的音符或音组与歌词对应编创旋律，并唱一唱					
自我评价							
教师评价							

表 3　单元活动评价总结

评价、反馈的形式及其合理性分析
单元作业结合教学内容，关注和尊重学生的不同能力，每课时各设计 2~3 项活动内容作业，分练习型、体验型、活动型、创造型、研究型分类分层布置，较易和中等难度作业针对全体学生，较难针对中等以上同学，促使不同层次的学生在音乐活动中都有收获。反馈尊重学生隐私，由教师个人收集整理作品或录音录像。及时表扬、鼓励反馈，记录优秀作业，公布优秀学生名单，征求学生同意分享作品，促进和鼓励学生从多方面乐于体验、勇于创造，切实感受音乐带来的快乐
学生作业情况分析
课时 1 活动作业中练习型、体验型作业，学生基本能按要求自制乐器，大部分学生能演唱曲谱并准确模拟古琴演奏，存在速度快慢的差别，与识谱熟练度和琴弦音高位置反应有关。活动型、创造型作业，所有学生都能根据古诗内容意境选择合适的音乐片段。80%学生能有感情地配乐诗朗诵，也辅助了语文古诗词的学习。小部分学生的朗诵语速语调与音乐较不合拍，与情感表达有关，完成数量大部分为 1~2 首。 课时 2 活动作业在课时 1 的基础上又有所提升。研究型作业 80%学生能根据古诗声调选择合适的音符选项填充旋律，并完整哼唱，个别同学旋律演唱较不流畅。30%学生能在班级进行演唱展示，增强自信心。表现型作业 60%学生能与家人利用乐器或生活物品伴奏或加入动作合作表演
改进措施
针对学生反馈作业存在问题进行改进： 1.利用自制乐器进课堂，在课堂活动中再次对准确识谱、打拍子唱谱、结合琴弦音位演奏等多感官能力强化训练 2.利用课前 3 分钟，随机抽选学生表演配乐诗朗诵或演唱，利用互评、他评、自评加强沟通，提高学生自信心，增强音乐表现力 3.挑选 1~2 个学生编创作品，全班共同学习演唱或修改调整，促进全体同学识读乐谱能力和鉴赏创造能力

情绪“特工”养成记

——闽教版《小学生心理健康》四年级下册第二单元情感世界“单元作业”设计

厦门市海沧区锦里小学 范舒怡

◆单元名称

闽教版《小学生心理健康》四年级下册第二单元情感世界——《情绪“特工”养成记》。

◆单元学习内容与前后联系

学生在三年级以及之前的学习中已学会人的基本情绪以及可通过“倾诉”的方式,获得别人的心理支持和帮助,消除不良情绪。而在情感教育中,除了调节控制自我的消极情绪,更重要的是培养学生积极情感,在积极情绪下产生积极的行为,换一种角度思考问题。理性情绪法,又称“情绪 ABC”,是心理辅导活动中用以进行情绪调节的一种方法。理性情绪法认为,情绪并不是由某一诱发事件本身直接引起的,而是经历这一事件的个体对这一事件的解释和评价所引起的。本单元的学习主要围绕理性情绪法开展情绪调节管理的学习,作业设计通过引导分析情绪背后的想法,消除不合理信念,建立合理信念,从而达到去除或调节消极情绪的目的。

本作业设计所属主题为六大模块中“情绪调试”模块,《中小学心理健康教育指导纲要(2012 年修订)》(简称《纲要》)中指出,小学中年级心理健康教育的任务包括“学会体验情绪并表达自己的情绪”；《中小学德育工作指南》（简称《指南》）德育内容中心理健康教育部分指出要“开展情绪调适等方面教育，引导学生增强调控心理、自主自助的能力，培养学生健全的人格、积极的心态和良好的个性心理品质”。教材中情感世界单元主要有“说说心里话”“情绪红绿灯”“分享让我们更快乐”三节课，笔者以电影《头脑特工队》为载体进行创新改造，以莱利主人公的情绪情感为主线将本单元的三课教学内容串联起来，帮助学生更好地形成情绪自我管理的能力和意识。进行此作业设计有助于引导学生体验情绪，并有效地理解情绪，进而帮助学生更好地管理情绪，对学生的心理成长有非常重要的现实意义与促进作用。

◆单元简述与教学思路

本次活动分“我是莱利”和“莱利是我”两大模块，采用“活动—分享—迁移—延伸”的思路展开，以活动“我是莱利”，引导学生转换角色，想象自己就是电影《头脑特工队》中的莱利，进行“经历事件回顾”“情绪梳理”“情绪分析”，培养学生认识情绪、觉察接纳自我情绪，并能够理解情绪 ABC 理论；以活动“莱利是我”，让学生运用课堂掌握的情绪 ABC 理论方法，结合生活实际，分析问题、解决问题，帮助学生对自我的心情进行觉察、理解、管理，增强调控情绪的能力，形成良好的心理素质。

“我是莱利”模块以识别情绪、理解情绪、掌控情绪为目的展开，需要完成三个活动任务：

1.“识别情绪，分类情绪”，巩固识别情绪的能力，了解不同的情绪特点，对情绪进行分类，能够意识到情绪都是允许的，可接纳的，无好坏之分。

2.“破译情绪，理解情绪”，通过回顾莱利经历的故事，梳理情绪感受，进一步分析情绪背后的想法，学习理解情绪 ABC 理论。

3.“解密情绪，掌控情绪”，意识到莱利产生消极情绪的原因，帮助莱利转换积极想法缓解消极情绪,并且看到消极情绪背后的需要。

“莱利是我”模块以引导学生运用情绪 ABC 理论帮助自己调试情绪,需要完成以下活动任务:

1.“我的心事”通过冥想,回顾自己的心事,并且对情绪体验进行具体化打分。

2.“我的心情我做主”运用改变想法掌控调试自己的情绪,拥抱积极情绪。

3.“把我说给你听”对比情绪变化,向支持圈的亲人、好友表达情绪。

◆单元重难点突破与作业设计构想

一、教学重难点与突破策略

1.教学重点

“我是莱利”模块的重点在于引导学生理解情绪 ABC 理论;“莱利是我”模块的重点在于引导学生运用情绪 ABC 理论消除不合理信念,获得积极情绪。

2.教学难点

“我是莱利”模块的难点在于引导学生有效准确地理解分析情绪背后的原因——不合理信念;“莱利是我”模块的难点在于引导学生自主自愿将情绪 ABC 理论运用到自身的生活实际。

3.突破策略

本次活动设计既要引导学生认识情绪,觉察、接纳自我情绪,又要通过事件理解情绪背后真正的原因及想法,又要延伸到现实,提升自我掌控情绪的能力。为了突破重难点,我们采用这样的策略:

(1)“识别情绪,分类情绪”活动体验,以喜闻乐见的迪士尼动画形象引入。

(2)“破译情绪,理解情绪”让学生通过“莱利”角色体验,走进莱利的生活去感受情绪。

(3)“解密情绪,掌控情绪”,从想法看见背后的需要,有助于理解想法的产生，进而通过改变想法调试消极情绪。

(4) “我的心事”，通过冥想引导学生回忆心情故事，增强体验。

(5) “我的心情我做主”，利用填空的方式，突出内容。

(6) “把我说给你听”让学生尝试表达情绪，挖掘支持系统，更有效地调试情绪。

二、单元作业编制说明

1.整体介绍

本次活动分“我是莱利”和“莱利是我”两大模块，其中“我是莱利”模块以识别情绪、理解情绪、掌控情绪为目的展开，需要完成“识别情绪，分类情绪”“破译情绪，理解情绪”“解密情绪，掌控情绪”三个活动；“莱利是我”模块以引导学生运用情绪 ABC 理论帮助自己调试情绪，需要完成以下活动任务：“我的心事”“我的心情我做主”“把我说给你听”。

2.单元作业设计特点

(1)以《纲要》和《指南》为指导，提升学生关键心理能力和积极品质发展

《中小学心理健康教育指导纲要(2012 年修订)》中指出，小学中年级心理健康教育的任务包括“学会体验情绪并表达自己的情绪”；《中小学德育工作指南》德育内容中心理健康教育部分指出要“开展情绪调适等方面教育，引导学生增强调控心理、自主自助的能力，培养学生健全的人格、积极的心态和良好的个性心理品质”。进行此作业设计有助于引导学生体验情绪，并有效地理解情绪，进而帮助学生更好地管理情绪，对学生的心理成长有非常重要的现实意义与促进作用。

(2)具有科学性、实用性、趣味性、互动性等特点

基于学情，以学定教，依据指导纲要，科学严谨，根据学生身心发展的规律和特点及心理健康教育的规律，切实提高学生心理素质和心理健康水平。切实提高学生的情绪调适能力，从认识情绪、觉察情绪到有效表达以及合理调控情绪，能够据此习得方法，帮助自己与他人。以影视资源为载体，创设情境，引导角色

体验与探索。在趣味的活动情景中,激发学生的学习兴趣和探究精神,多感官体验,情景式思考,在体验中学习。课中活动作业,学生通过体验学习、探索学习、合作学习等充分互动交流,实践演练达成目标。课后拓展延伸中,将课上学习的方法运用到生活,巩固练习,体现较好的生生互动以及亲子互动,让学生能积极主动地分享表达、管理自我情绪,并且能够相互支持,形成良好的习惯和品质。

3.作业使用须知

本节课作业均需要学生自身进行体验、感受和感悟,需要学生运用自己的亲身经历及体验,不断感悟与思考。因此,教师在学生完成作业的过程中,不仅要鼓励学生表达,而且学生的回答不用局限于某个答案,尊重自己的真实感受即可;但除此之外,对学生出现的特殊情况教师要注重正确价值观、人生观的引导。

◆单元作业设计

一、单元作业目标

编制说明:

1.单元作业目标是根据学生年龄特点和学习规律,注重体现素质教育导向,落实帮助学生学会调控情绪的心理健康教育的具体目标,进行适当的扩展延伸,结合《纲要》及核心价值观,综合考量后编制的单元作业总体目标。

2.“单元作业日标序号”将根据课程教学环节顺序进行编号,标注 * 为重点目标,具体如表 1 所示。

表 1　单元作业目标

单元作业目标序号	单元作业目标	学习水平
01	通过图片,创设情境,走入莱利的世界,开始识别、分类情绪	体验,知道
02 *	进入角色,体验莱利的生活故事,感受情绪,思考情绪背后的想法	体验,理解
03 *	破译情绪,理解情绪 ABC 理论,运用消除不合理信念的方式帮助莱利掌控自己的情绪	理解,运用

续表

单元作业目标序号	单元作业目标	学习水平
04	通过冥想体验，回忆自己的心情故事，以打分方式，具体量化情绪体验	体验
05 *	运用情绪 ABC 理论，帮助自己缓解消极情绪，并且理解自己情绪背后的需要，获得积极情绪体验	体验、实践
06	通过分数对照，看到情绪调试的直观变化，再尝试表达分享情绪，进一步调控情绪	实践

二、课后作业目标

编制说明：

1.课后作业目标是依据已经确定的单元作业目标，编制每一课时后的具体作业目标。

2.“课后作业目标编号”采用题目序号的方式表示。

“我是莱利”模块活动任务

1.通过图片，激发《头脑特工队》的视频印象，创设情境，走入莱利的世界，开始识别、分类情绪。

2.进入角色，体验莱利的生活故事，感受情绪，思考情绪背后的想法。

3.破译情绪，理解情绪 ABC 理论，运用消除不合理信念的方式帮助莱利掌控自己的情绪。

第一课时：识别情绪，分类情绪

（一）本课教学重点

巩固识别情绪的能力，了解不同的情绪特点，对情绪进行分类，能够意识到情绪都是被允许的，可接纳的，无好坏之分。

（二）具体活动设计

作业形式：视频观看+书面任务单　　　　完成时间：总共 8 分钟

活动准备：任务一

活动步骤：

(1)观看《头脑特工队》电影片段；

(2)完成任务单。

附：任务一

任务一：识别情绪，分类情绪

《头脑特工队》中的队员们遇到困难了，他们需要你的帮助，为他们的主人莱利掌控好头脑中的情绪操作台。你需要先识别莱利的各种情绪，才能进行操作。

要求：

1.根据图片内容识别情绪(如开心、愤怒、悲伤、害怕、厌恶等)；

2.在图片下方写出情绪的名称；

3.用连线将情绪分类为正面或负面情绪。

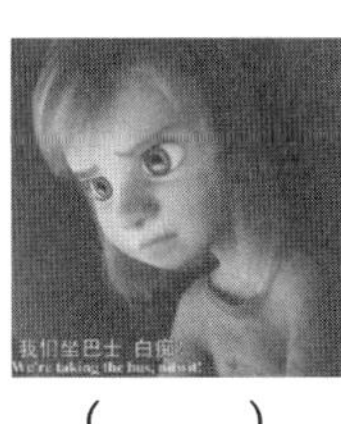

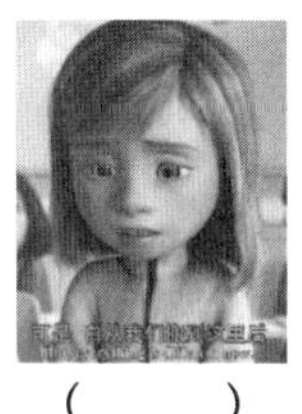

(　　)　(　　)　(　　)　(　　)　(　　)

正面情绪　　　　负面情绪

小贴士：每个人都有自己的情绪，情绪没有好坏之分，只有不被尊重、接受的情绪。看到情绪的积极、消极作用，我们都能成为情绪的主人。

(三)交流与分享

1.你能准确识别莱利的各种情绪吗?你是通过哪些细节看出来的?

2.你还能说出哪些情绪呢?你在生活中是否也经历过?

第二课时:"破译情绪,理解情绪"

(一)本课教学重点

通过回顾莱利经历的故事,梳理情绪感受,进一步分析情绪背后的想法,学习理解情绪 ABC 理论。

(二)活动设计

(1)观看视频片段;

(2)完成任务单;

(3)学习情绪 ABC 理论,理解情绪是由想法造成的。

附:任务二

任务二:破译情绪,理解情绪

《头脑特工队》中的主人莱利跟着爸爸搬家到了新城市,发生了许多故事,特工队员们希望你能够帮助莱利看到自己的情绪,并且找出原因。

教师提示:主人莱利遇到了一些事,现在你需要解读情绪,并破译情绪产生的原因。根据情绪 ABC 理论,找出其中的 A 事件对应的 B 想法、C 情绪。

要求:请你角色转换,想象你就是莱利。以"我是莱利"的身份,利用表格完成下面三个思考。

1."我的经历":通过视频与阅读,回顾莱利的故事经历。

2."我的情绪":解读故事中莱利感受到了哪些情绪?

3."我的情绪哪来的?":帮助莱利破译这些情绪产生的原因(由什么想法造成的)。

事件 A	情绪 C	想法 B
搬家的旅途有点无聊,想到还得融入新学校认识新同学,我就有点担心		
来的路上老爸说新家会很漂亮,这让我又有点期待		
新学校的老师让我自我介绍,我一开始表现得还不错,我也想让他们了解我的家乡。可是后来因为太想念家乡和原来的那些好朋友,说着说着我竟然忍不住哭了起来		
回家后我就想一个人静静,爸妈却东问西问,烦得要命还说是我在耍脾气		

情绪小贴士:情绪都不是空穴来风,尤其是负面情绪。当情绪来的时候,我们静下心来,思考思考情绪产生的原因,本身就能让我们冷静一点,有机会更了解自己哦!

(三)交流与分享

1. “影响情绪的不是事件本身而是对待事件的想法。”这对你有什么启发?

____

2. 情绪是我们自己可以控制改变的,莱利可以怎样让自己的心情好一些?

____

第三课时:解密情绪,掌控情绪

(一)本课教学重点

意识到莱利消极情绪的原因,帮助莱利转换积极想法缓解消极情绪,并且看到消极情绪背后的需要。

(二)活动设计

内容:从上一课时的消极情绪中选择一个,思考情绪背后莱利真正的需要,改变想法，调试负面情绪。

附：任务三

任务三：解密情绪，掌控情绪

看来莱利有很多的负面情绪，光找出原因还不行，还需要帮助莱利用积极的想法缓解负面情绪，重新找回快乐，赶紧来想想办法吧。

提示：负面情绪出现，可能是因为我们的某个需要没有被满足，发现莱利想法背后内心真正的需要，帮助她换种积极的想法，缓解负面情绪，帮助她重获快乐。

• 人们的需要（参考）：安全感、爱（被接纳）、归属感（友谊）、认同、尊重（自尊）……

要求：

1.从上一题中任选一个负面情绪事件；

2.思考想法背后莱利内心真正的需要；

3.改变想法，调试负面情绪。

“我”会感到____________（情绪 C1），是因为______________________________（想法 B1），我可能需要的是____________。如果我这么想______________（想法 B2），我可能会感觉______________（情绪 C2）。

♥小贴士：抱抱莱利，也抱抱自己，很多时候不是情绪涌出，我们都不知道原来自己有哪些需要，不知道可以怎么样关爱自己。看到情绪，接纳它，或许慢慢快乐就回来了！

（三）交流与分享

1.写下这段话的你，心情如何？

____

2.你对这些事件、情绪的看法发生了哪些改变？

____

第四课时:我的心事

(一)本课教学重点

通过冥想引导学生回忆心情故事,激发实践理论方法的兴趣。

(二)活动设计

内容:书写近期困扰自己的心事,尽量写具体心情,感受当时的情绪。

附:任务四

心情白皮书

我的心事:____

____

____。

给你当时的情绪体验打分。比如,你正在体验悲伤,那么你的悲伤有多大程度?满分 10 分,它是多少分? 你的心情指数是:　　　分。

(三)交流与分享

1.你的这件心事当时你的心情体验是什么?打几分?

____

2.当时你是怎么看待、处理这个情绪的?

____

第五课时:我的心情我做主

(一)本课教学重点

运用情绪 ABC 理论,改变想法掌控调试自己的情绪,拥抱积极情绪。

(二)活动设计

内容:转换想法,帮助自己调试情绪,获得积极的情绪体验。

附:任务五

我的心情我做主

我能
Believe in yourself
相信自己

我感到__________（情绪 C1），是因为__________（想法 B1），我可能需要的是__________。如果我__________（想法 B2），我可能会感觉__________（情绪 C2）。

给你此时的情绪体验打分。 你的心情指数是：　　　分。

（三）交流与分享

1.你此时的情绪是什么呢？心情指数是多少？有变化吗？为什么？

____

第六课时：把我说给你听

（一）本课教学重点

通过消除不合理信念，获得积极情绪体验，进一步让学生尝试表达情绪，更有效地调试情绪。

（二）活动设计

将自己的心情白皮书分享给朋友家人，尝试表达情绪，获得情感支持。

（三）交流与分享

1.你打算把你的白皮书分享给谁？

____

2.分享后你的感受心得是什么？

____

三、题目双向分析评估

课后作业序号	课后作业名称	目标水平				题目难度			预估时间/分钟	对应作业编号
		知道	理解	应用	综合	易	中等	难		
01	识别情绪,分类情绪	√	√			√			8	01
02	破译情绪,理解情绪	√	√				√		12	02
03	解密情绪,掌控情绪		√		√		√		10	03
04	我的心事				√	√			8	04
05	我的心情我做主				√		√		8	05
06	把我说给你听				√		√		6	06

综合分析：依据闽教版《小学生心理健康》教材四年级下册第二单元情感世界的学习内容,本单元设计依纲扣本,关注学生心理健康教育的关键内容“情绪”开展教学引导,学生从喜闻乐见的影视形象着手关注情绪,角色带入的方式加深情绪体验,激发感同身受的情感共鸣,帮助学生更好地理解情绪。积极运用建构主义支架式教学理论,通过“角色扮演”“角色体验”“分析思考”等环节,循序渐进“搭脚手架”,引导学生进入“莱利”角色体验,让学生理解情绪 ABC 理论,并且从课中到课后,迁移实践运用,加深学生对于理论的理解和运用。在作业设计上运用心理咨询的理念,包容接纳学生的主体性,采用冥想、书写表达的方式,加深学生的体验,回到自身练习,从外到内,由浅入深,帮助学生更好地调试情绪,获得积极的情绪体验。

巧设单元作业，
让学生乐学精思

实施方案

厦门市海沧区关于“提升作业品质 提高教育质量”的作业管理实施方案

一、实施背景

2019 年，《中共中央 国务院关于深化教育教学改革全面提高义务教育质量的意见》（中发〔2019〕26 号）对义务教育阶段作业管理、设计、批改、辅导等环节提出明确要求。2020 年全国基础教育综合改革暨教学工作会议和 2021 年全国教育工作会议明确提出，要抓好中小学生作业、睡眠、手机、读物、体质管理。2021 年，中共中央办公厅 国务院办公厅印发《关于进一步减轻义务教育阶段学生作业负担和校外培训负担的意见》，教育部办公厅印发《关于加强义务教育学校作业管理的通知》，要求各地各校有效减轻义务教育阶段学生过重作业负担，把作业作为学校教育教学管理工作的重要环节，把握作业的育人功能。

二、工作目标

作业是课程改革中不可或缺的关键领域，研究者认为，具有整合性的作业设计，可以达到培养学生思维，促进高阶思维发展的作用。2020 年，海沧区组织中小学各学科开展基于单元整体教学的作业设计活动，一批优秀教师围绕单元目标、立足学生发展先行先试，在作业形式、作业维度、作业评价等方面做了有益探索，取得突破性进展。开展“提升作业品质 提高教育质量”的作业管理实施专项工作，将进一步规范学校教育教学管理，扭转作业数量过多、质量不高等问题，进一步提升教师专业发展水平与课程实施质量。

三、实施办法

(一)加强管理研究,提升学校管理作业的能力

1.做好作业各环节管理。作业教学包括教师布置作业、学生做作业、教师评改作业、学生矫正学习等环节,抓好作业各环节管理,才能确保作业品质。学校要自查自评各学科作业各环节质量情况,自查是否存在以下情况:违规或超量使用教辅资料,造成不必要的课业负担;作业随意性强,对落实自主学习作用不大;作业思维含量少,对提高思维品质作用不大等。

2.做好作业总量管理。学校要合理布置书面作业、科学探究、体育锻炼、艺术欣赏、社会与劳动实践等不同类型作业,增强作业的开放性、探究性和实践性,充分体现“五育并举”,促进学生全面发展。学校要建立作业负担监测机制,作业时长每科每天控制在20~30分钟,小学作业总量不超过60分钟,中学作业总量不超过90分钟。

3.做好作业过程管理。充分利用课堂教学和课后服务时间,指导学生尽量在校内完成书面作业。关注批改反馈情况。教师对布置的学生作业要全批全改,并采取集体讲评、个别讲解等方式有针对性地及时反馈,加强对学习有困难学生的辅导帮扶,切实解决学生在学习中遇到的问题。不得让家长代为评改作业。

(二)加强实施研究,提升教师设计与实施作业的能力

1.开展作业质量专项培训,达成对高品质作业的共识。

作业不仅是检测学习情况的手段,还是培养核心素养的重要途径,对学生学会在面对复杂的不确定的现实生活情境时,能够综合运用特定学习方式所孕育出来的综合性品质具有重要作用。教师要让学生在作业中经历运用学来的知识技能去分析解决新的学习任务,去丰富、调整、修正、反思,总结从抽象到一般的策略,并提升为经验。

每学科每学期至少组织一次关于优化作业设计与实施的专题培训,引导教

师确立科学的作业观。各学科要先调研学科作业实施现状,分析作业设计、实施中的现存问题;再通过阅读专业书籍和专家讲座,了解作业设计理论与先进做法,进而明确本学科作业品质提升的方法与途径。通过培训,学科教师要能理解作业设计的新原则:基于核心素养、基于学科大概念、基于单元整体教学等,也要充分理解高品质作业的要求:要以培养学生的分析能力、思维能力、创新能力为目标,通过设计题型多样、题量适当、针对性强的作业,为学生提供充分从事学习活动的机会,从而帮助学生在自主探索和合作交流的过程中真正理解和掌握基础知识与基本技能、学科思想和方法,获得广泛的学习活动经验。

2.开展作业设计实践活动,提升作业设计水平。

各学科要开展作业设计实践研究,在边研究边使用的过程中提升作业设计水平。科学有效的作业注重学生学科素养的整体发展、关注学习经历、突出学习综合性实践性,因此,各学科还应鼓励教师创新作业类型,设计体验实践类、项目式作业、跨学科作业等开放性作业。

各学科根据区域学科作业的实际情况,提炼作业提质的关键性问题,围绕关键问题开展对应性研究,细致分析影响作业质量的因素,将研究细分指向作业如何提升高阶思维、如何检测学习效果、如何改进教学等研究。在作业设计时,考虑课堂教学与课内外作业的目标一致性,注重问题情境的创设,注重迁移运用等开展周末作业。

在全区性行动中,要在已有研究基础上,持续推进单元作业设计研究。正如《重塑作业——课程视域下的单元作业》所分享的经验:要将作业作为课程的一个重要环节,强调在科学的研究范式下,建立具有"目标导向、系统设计、诊断反馈、动态生成、体现个性"等特征的课程视域作业观,开展以单元内容为主题的综合性作业设计,研究作业的传递性、层次性和可检测性。在单元作业设计中符合以下原则。

目标性:设计单元作业要有明确的目标意识,单元作业目标与单元教学目标之间应有较高的相关度,单元作业目标要分解、落实到课时作业目标。

结构性：设计单元作业应根据单元作业目标合理安排作业的内容结构与难度结构，使作业内容覆盖面广，难度分布合理。

科学性：单元作业的题干指向应明确，概念使用应科学，拟定的答案应具有明确性、逻辑性、完整性，还要预估学生作答时可能出现的合理答案。

过程性：设计单元作业，要关注学生完成作业的过程，为其提供必要的过程性指导。

3.制订作业设计检核表，科学评估作业设计与实施情况。

在作业实施中，增加作业的选择性，支持个性化推送。尝试分层作业、差异化作业，团队合作作业等。考虑作业的有效批改方式和讲评办法，尝试运用信息技术支持作业实施，运用数据分析改善作业质量等。

制订作业水平表，按“知道、理解、运用、综合”的认知类型和认知难度界定各题作业。分析是否科学设计各维度作业题，难易度是否合理，是否有效促进高阶思维提升。

比对教学设计与作业设计，评估从学习主题看作业与教学主题的匹配度，作业要符合教学进度。

统计作业完成时间，评估学生完成作业的时间与预估完成作业的时间是否一致，分析误差原因。

可制订作业设计检核表（表1），检核作业实施效度、作业内容与教学情况的匹配度、作业预设情况与实际完成情况的吻合度、匹配度等。

表1 作业设计检核表

分项	要素说明
解释性	作业目标是否科学、集中、明确，是否有助于达成课时目标。单元整体设计的作业还要考虑与单元目标、课时目标是否一致。教学内容与作业内容是否相关。
科学性	准确性：知识概念是否准确；题干表述是否清晰；答题指向是否明确；答题点是否确定等。 难易度：题目难度是否适合；难度程度较低的比例是否过高。
多样性	作业形式是否恰当；是否有选择性。
结构性	作业之间的关联性如何，是否有效提升思维品质。

(三)加强作业作用研究,培养和提升学生的自主学习与时间管理能力

研究认为,作业有积极作用,如增加理解、养成良好学习习惯、学会自律、自主,独立解决问题等,但也存在消极功能,如产生生理和情绪上的疲劳、失去学习兴趣等,因此,各学校、各学科有必要开展作业作用研究,探讨如何发挥作业的积极作用,培养和提升学生的自主学习与时间管理能力,进而养成自律、主动学习的习惯。作业作用研究可从学生视角展开,结合作业完成的实践过程以实证研究的方式进行。

1.让学生通过有效的作业进一步明确作业的意义:学生不愿意做作业,往往是因为感受不到作业的价值,要在实施作业的各环节中,让学生不断得到作业积极作用的正强化,如:作业可以检查学习效果,发现学习的不足;作业可以加强对知识的理解,通过做作业的思维,有利于把老师传授的知识转化为自己的知识;作业可以帮助自己在不断分析问题、解决问题的过程中,锻炼与培养思维能力。教师还可引导学生关注作业中的感受,加强成功体验和耐挫体验,引导学生通过反思、交流等评价性活动,理解独立完成作业与合作完成作业的不同作用,提高独立学习能力和合作学习能力。

2.让学生在作业全过程中培养自觉学习的良好习惯。教师不仅关注作业内容、作业形式,还应该关注学生在作业全过程中的学习状态。要引导学生在做作业前回忆学习内容,整理笔记,多加体会。做作业时先对当天学习情况进行自我评估,对记忆模糊或不理解之处进行针对性温习,做作业过程中不轻易放过难题,要敢于挑战自我,建立信心学习。做作业时专注,不受干扰,审题认真,解题清晰,展现自己思维的最高水平,以便教师了解你的学习情况。完成作业后,要复查并自评作业质量,对自己的学习情况及作业完成质量要“心中有数”。教师批阅之后,要及时订正,不理解之处要学会与教师沟通。还要学会定期整理作业本,为复习积累资料。作业全过程中的这些做法,不仅有助于查缺补漏、掌握知识,养成良好的学习习惯,提高学习效率,而且有助于养成耐心、细心、恒心、敢于挑战的勇者之心,健全人格。

综上,我们要充分认识到,作业的过程本身也是全面育人的过程。加强作业管理、实施与应用研究是教育教学工作中值得认真探索的重要环节。希望全区各校都将作业研究提升到“深化教学改革,提高教育水平,培养良好的思维习惯,落实育人根本任务”的高度上开展,希望扎实有效的作业研究能有效助推海沧教育质量提升。

厦门市海沧区教育局

2021 年 8 月 5 日

后 记

此书形成，是一种偶然，也是一种必然。说偶然，是因为她不是我们原先计划中的事物，不是先有理论预期后有成果汇聚；说必然，是因为她诞生于海沧区教育实现既快速发展又重视内涵的历史关口期，这是海沧区从教育行政到一线教师齐心重视业务、打造教育强区，各种成果得以呈现的时期。

2020 年 3 月，厦门市教育科学研究院在省教育厅普通教育教学研究室的统一部署下，启动厦门市中小学单元作业设计评选活动。海沧区由此发动一线骨干力量和各学科教研员，展开深入研究与广泛探索，在专家指导下，通过竞赛方式形成了系列优秀案例，并推荐参加市级评选。海沧区在此次单元作业设计评选比赛中成绩优异。本书所选作业案例，都是市级一等奖作品，甚至多数在之后的省级比赛中也获得优秀奖项。

中国古代教育家孔子就强调“学而时习之”，《学记》也有“藏焉修焉，息焉游焉”的描述，这都是说，学习知识后，要有自主体验与实践的过程。国外的教育家更是始终强调作业的实践性，如夸美纽斯重视让学生“从实践中去学习”，杜威的“做中学”等。这些理解可以看作把作业作为教育教学的一个有机组成，是过程之一。

只是作业这一重要的教育教学过程或方式，到了不同的场景，会有不同的内涵理解与功能定位。新中国教育从开始的科学主义和政治挂帅，到新课程改革强调创新精神与实践能力，理念不断更新与进步，但是却始终无法摆脱教育实际上强调选拔与甄别功能的泥沼。在这一背景下，作业自然成了应试教育的附庸甚至助纣为虐者，学生的学业负担因此不断加重而难以缓解。作业，其功能已经偏移与窄化，成为只是课堂教学的延伸，只为知识与技能的记忆与巩固。应试教育不光甄别学生,也甄别学校、甄别教师,多重压力下,作业这一因窄化而被聚焦的功能不断被盲目夸大。

中国社会已经进入新时代,人民群众对享受高质量的教育有着更高要求。当今教育,更注重“人”的成长,要响应人民群众对美好生活的期待。今年以来,中共中央国务院发文要求进行义务教育学生“双减”工作,教育部要求对义务教育学生进行“五项管理”。这都是办人民满意教育的有力措施,也是应试教育向发展学生核心素养教育转变的有效措施。因此,是正本清源的时候了。

单元作业设计,是基于单元整体教学理念的作业设计。任何能力的形成、素养的养成都不是一蹴而就,单靠某节课、某章节内容零敲碎打,是一种低效的行为。把单元作为整体,整合单元各个要素与内容,进行连贯性的教学,符合核心素养培育的规律。基于这样的思想展开作业设计,也就有了更广阔综合的思维,需要对教材有深度与体系化的理解,更衔接学生核心素养的养成。好的单元作业设计,定可以发挥多方面的育人功能。

正如前述,本书所收案例,都是比赛获奖作品,这是福建省首次发起这样的评选活动。作品呈现的是一种探索与尝试,它还很稚嫩,甚至很多值得探讨。这些作品有的是理论思考加面对学生的作业,有的则是理念阐述与作业设计合在一起的论述。如果要直接面对学生,无疑都要加以改造。尤其是当前“双减”和“五项管理”背景下,单元作业如何更加符合作业时间的要求、如何在整体设计的情况下呈现课时与阶段要求,作业设计如何体现实践性和更精准地指向核心素养培育等,都需要进一步梳理和设计。这些,有待我们进一步地研究与实践探索。

好在,海沧已经行动起来。学期初,海沧区教育局以发布公文的形式,要求各校开展义务教育阶段“提升作业品质 提高教育质量”活动。相信有前期基础,海沧区单元作业设计将会在多层面有更优化成果的进一步呈现。

本书从案例形成、收集,到稿件遴选、编辑排版,由海沧区教师进修学校全面策划，林秋雁副校长具体组织，进修学校全体教研员参与推进和指导。感谢每一位供稿老师的研究与探索，还要感谢洪娜娜为组稿、收稿付出了艰辛的汗水，感谢厦门双十中学海沧附属学校王科武老师在本书编辑期间的深度参与和专业支持。厦门市教育科学研究院傅兴春副院长在百忙中对海沧区单元作业设计予以关注、指导和鼓励，并拨冗为本书撰写了序言，在此表示特别的感谢。

由于编者水平有限，本书错漏和不当在所难免，恳请专家、读者指正，以期在今后不断改进提高！

张春生

2021 年 9 月